# 重新定义
# 投资理财

REDEFINITION OF
INVESTMENT BANKING

周文强◎著

中国商业出版社

图书在版编目（CIP）数据

重新定义投资理财 / 周文强著 . -- 北京：中国商业出版社，2018.7
ISBN 978-7-5208-0535-3

Ⅰ.①重… Ⅱ.①周… Ⅲ.①投资 – 基本知识 Ⅳ.① F830.59

中国版本图书馆 CIP 数据核字（2018）第 176673 号

责任编辑：朱丽丽

中国商业出版社出版发行
（100053 北京广安门内报国寺 1 号）
010-63180647 www.c-cbook.com
新华书店经销
天津中印联印务有限公司印制
\*
720 毫米 ×1000 毫米　1/16 开　15.5 印张　200 千字
2018 年 9 月第 1 版　2018 年 9 月第 1 次印刷
定价：42.00 元
\*\*\*\*
（如有印装质量问题可更换）

# 前言

## 理财，让梦想不是梦

说起梦想，我 20 年前就有了自己的梦想，想成为一个自食其力的人。随着个人成长和能力的不断提升，我的梦想开始改变，从"自食其力"变成"惠及别人"，实现真正意义上的财务自由。自食其力说到底还是要靠自己去劳动，而财务自由则是钱在为你创收。同时，一个人一旦实现了财务自由，无论从财力还是思维观念上，就会有能力帮助别人、带动别人。

我做演讲也做教育，这是一种非常有益的经历，甚至是一种奖励。我曾经办过数千场演讲，教过数十万人，并且拥有自己的团队和公司。一路走来，我发现所有人，包括之前的我，都有一个共同点：我们都拥有巨大的潜能——这是上天赏赐的礼物。然而，问题是我们每个人都或多或少地存在着某种自我怀疑，从而阻碍了自己的前进。这个障碍很少是由于我们缺乏技术、知识或能力，更多的是由于我们缺乏思维和观念。

人的观念来自于人的智商、情商和财商。拥有智商的人，可能是非常聪明的人，在职场中能成为得力的员工；拥有情商的人，可能是非常善于与人打交道的人，在工作或生活中能成为处理问题非常圆融的人。但情商和智商并不能从根本上让一个人过上完全财务自由的人生。所以，真正让我们实现梦想，获得财务自由，从此不再为"钱"奔波劳苦的是"财商"。

曾经的我一无所有，15岁辍学后就进工厂打工，过着勉强能够填饱肚子的生活，直到我遇见《穷爸爸，富爸爸》一书。作者罗伯特·清崎认为：只有当你完全不必劳动，而依然可以维持你的生活时，你才称得上真正富有。于是，我开始认真学习"财商"课程，并由此读了一系列关于理财方面的书籍，学习了非常多的财商课程。《穷爸爸，富爸爸》等系列书籍彻底改变了我的观念，之前我一直以为找份工作，踏踏实实打工就能有钱，就可以实现自己的梦想。而这些财商的书和课程告诉我，这样是行不通的。按照书中所说，人处在四个象限中：雇员、小老板、企业家和投资家。人必须让自己不断上升象限级，变成有财富梦想的人，然后才能努力去实现自己的财务自由。于是，我通过学习财商，从原来的一穷二白到后来实现了年收入过百万、千万、过亿。

我们每个人积累财富都是通过收入，收入有主动收入和被动收入。大多数普通人都是穷人，必须靠付出自己的劳动才有收入。而绝少部分的富人，他们非常富有，因为除了主动收入，他们还有大量的被动收入。比如：靠资产产生源源不断的收入；通过创业，让自己变成企业家；通过投资理财实现更多的现金流。

那么，什么是资产呢？资产大抵有以下五类：企业自动化带来正向运营产生的利润、不动产、有价证券、专利权著作权、可以流通保持升值的物品。这五大资产的每一种都能带来被动收入。它们又被称为硬资产和软资产。

在《富爸爸，穷爸爸》一书中，作者清崎用财商的观念解释了每一个人在面对金钱游戏规则时都应该知道的理财技巧和知识，提倡以稳定的"现金流"保障我们的生活。"现金流"作为现代社会早就存在的"古老"的游戏规则，为什么还有那么多现代人不能从容面对呢？我认为，主要是因为人们还在固守以往的思维模式,无法从传统的金钱观念中摆脱出来。我建议大家一定都要读一读《富爸爸,穷爸爸》,并且要问问自己:既然我们可以花十几年的时间去学习知识,为什么不能用心去学学理财呢?这也是我写作本书的原因。

我一直强调,实现财务自由有两条路:没钱的时候利用创业让自己积攒第一桶金;有了一定的本金就要做投资,让钱去增值,由此构建自己的财富系统,实现财富自由。

之前我写过关于创业和企业经营方面的书籍,培训的学员多了,我发现,即使会创业,会经营,但不会投资理财的大有人在。我曾见过把自己积攒下的所有钱砸在股市里想着一夜暴富,结果却赔得倾家荡产的人;我也见过为了企业发展,把重金砸在购买机器设备上,最后因为缺少周转资金而举步维艰的人;我也见过不懂投资风险,盲目跟风,炒黄金、买外汇、投资收藏品,浪费了时间还赔了本钱的人……所以,我认为,大家更需要一本提高投资理财技巧并纠正错误理财观念的书。

懂得投资理财的人,他们的生活往往有着更好的品质与保障。因此,理财是一种对自己、对伴侣、对家人真正负责的态度。

物质富足与心灵丰盛是相辅相成的两个存在。学会理财,我们获得的不仅仅是金钱的增长,生活品质的提升会让心情与心境变得更加喜悦,这对我们在追求心灵成长时会有极大的加成效应,让我们由外而内获得丰盛富足的人生。

生命的价值在于你把多少时间用在真正有意义的事情上。我认为做对的事情比把事情做对更重要。生活中随处可闻有人通过理财获得了更幸福的生活,既然他们能做到,为什么下一个不能是你呢?选择理财,就是规划成功人生。越早为你的人生做规划,你就越早拥有更多的机会与可能性。

如何让梦想照进现实?理财是第一步。我自身通过学习财商改变了理财观念，同时也改变了整个人生，从一无所有到变成亿万富翁。同时我也越来越懂得并体会到了投资理财的重要性。

　　至于具体如何投资理财？本书为你详细介绍了许多实用有效的理财方法。看完本书后，对于财富及理财，相信你会有非常全面的认识，书里分享的投资理财技巧与心得经验将成为你投资理财道路上的"良师益友"。同时，我还开设了线上财商教育课程，希望对想实现财务自由的人有所助益。

周文强

2018.3.28 于北京

# 目录

**上篇　财富观念篇**
　　——丢掉旧观念，投资理财改变一生

### 第一章　理财之前先理观念
　　1. 为什么我们要投资理财 // 2
　　2. 让你的财富为你打工 // 5
　　3. 投资与理财的区别 // 7
　　4. 投资与投机的区别 // 9
　　5. 不怕有风险，就怕没风控 // 11
　　6. 危机就是危险中的机遇 // 13

### 第二章　要么掌控钱，要么被钱掌控
　　1. 谁是我们财富的敌人 // 18
　　2. 做自己的财富守护神 // 20
　　3. 构建理财系统，打造财富管道 // 23
　　4. 全面理财与片面理财 // 25
　　5. 资产配置的艺术 // 28
　　6. 理性投资，果断与谨慎并行 // 31

## 中篇　投资理财能力篇
——投资理财靠脑子，不靠运气

### 第三章　先富脑袋，再富口袋
1. 把鸡蛋放进合适的篮子 // 36
2. 顺势而动，逆向布局 // 39
3. 克服人性的恐惧与贪婪 // 42
4. 景气循环下的投资技巧 // 45
5. 放长线才能钓大鱼 // 48
6. 以小博大和以大博小 // 50

### 第四章　不可不知的投资学原理
1. 复利法则——时间是实实在在的金钱 // 56
2. 杠杆原理——用别人的杠杆撬自己的收益 // 59
3. 二八定律——指望好运，不如指望勤奋 // 61
4. 安全边际——少考虑赢利，多考虑亏损 // 63
5. 洼地效应——财富博弈的加速器 // 65
6. 博傻理论——大家好，未必真的好 // 68

**下篇　投资理财工具篇**
　　——把握最有效的投资理财工具

**第五章　储蓄——理财第一课**

1. 理财，从储蓄开始 // 72
2. 强制储蓄，立竿见影 // 74
3. 把钱存银行也没那么简单 // 76
4. 外币储蓄如何增值 // 78
5. 守护和增加不动产 // 80
6. 正确看待银行的理财产品 // 82

**第六章　保险——避险获利两不误**

1. 保险的前世今生 // 86
2. 没有保险相当于裸奔 // 89
3. 生命周期与保险需求 // 92
4. 让你安心的家庭保险规划 // 94
5. 购买保险的基本原则 // 97
6. 保险有套路，搞不清楚别买 // 100

**第七章　债券——收益保障，稳健先行**

1. 债券的缘起与本质 // 106
2. 中国债券市场的发展 // 109
3. 国债不等于铁定赢利 // 112
4. 方兴未艾的公司债券 // 115

5. 债券型基金的优势 // 117

6. 如何规避债券风险 // 120

## 第八章　股票——勇敢者的游戏

1. 心急火燎，越炒越少 // 124

2. 理财不是发财，股市不是赌市 // 126

3. 散户到底有没有未来 // 129

4. 辩证看待价格与价值 // 132

5. 不可或缺的钟摆意识 // 134

6. 股海逐浪要谨记的原则 // 136

## 第九章　基金——和专家一起理财

1. 基金的源起与分类 // 140

2. 借用专业和团队的力量 // 143

3. 混合型基金的优缺点 // 145

4. 定投，套牢了也幸福 // 147

5. "坚持"与"不坚持" // 149

6. "两要"与"两不要" // 151

## 第十章　外汇——玩的就是心跳

1. 外汇交易需靠谱平台 // 156

2. 基本面、技术面、心理面 // 158

3. K线、均线、趋势线 // 160

4. 支撑位与压力位 // 163

5. 止损！止损！止损！// 165

6. 外汇投资的三重境界 // 167

## 第十一章　期货——财富的过山车

1. 涨也赚钱，跌也赚钱 // 172
2. 风险防范永远大过赚钱 // 174
3. 像对待信仰一样对待技术 // 176
4. 日内交易者的三板斧 // 179
5. 直觉、盘感和微逻辑 // 182
6. 期货的交易哲学 // 184

## 第十二章　贵金属——吹尽黄沙始见金

1. 在贵金属里淘金 // 188
2. 影响黄金涨跌的因素 // 190
3. 金条、金币与纸黄金 // 192
4. 黄金再稳风险也不小 // 194
5. 白银投资的发展潜力 // 196
6. 白银投资与黄金投资的不同 // 198

## 第十三章　信托——新时代，新传承

1. 信托的源起和概念 // 202
2. 家族信托是财富传承 // 205
3. 打破"富不过三代"的魔咒 // 208
4. 动产信托与不动产信托 // 210

## 第十四章 房产——昔日房奴，今日房主

1. 投资房子，先要懂房市 // 214
2. 会用房贷，使"房奴"变房主 // 217
3. 买期房还是二手房 // 219
4. 巧用"住房公积金" // 222

## 第十五章 艺术品收藏——多点品位，少点铜臭味

1. 收藏不仅是因为爱好，也是赚钱的行当 // 226
2. 收藏品投资须谨慎，稍有不慎会满盘皆输 // 228
3. 投资收藏品要掌握的操作要点及原则 // 230
4. 了解收藏行业风险，你才能赚自己的钱 // 232

# 第一章
## 理财之前先理观念

上篇

财富观念篇
——丢掉旧观念，
投资理财改变一生

## 1. 为什么我们要投资理财

要弄清"我们为什么要投资理财",我们先要搞清楚,投资理财是什么。最通俗的理解,投资是一种钱生钱的行为。买股票、购基金、搞房地产、做买卖,都算是投资。这些行为所追求的结果是一致的,就是在本金的基础上让钱多起来。

简单地讲,投资就是钱生钱,生更多的钱。

比如,用鸡蛋代表你现在的财富,你可以选择把鸡蛋吃掉,就等于把钱消费掉;也可以选择把鸡蛋放在某个地方不管它,但是时间一长鸡蛋可能会坏掉,这就等于把钱存起来不管它,钱就会贬值;还有一种人把鸡蛋拿去孵小鸡,做着鸡生蛋、蛋生鸡的游戏,这就等于把钱拿去投资赚钱。投资理财就是选择把鸡蛋拿去孵小鸡,鸡再生蛋,这样你的财富就会越来越多。

有一句很流行的话"你不理财,财不理你",说明无论你是一位普通的工薪阶层,还是一位年入百万的打工皇帝,还是一位财富积累过亿的高净值人士,理财都是必修课。

可能有人会说,投资理财是富人的事情,我们穷人本来就没有几个钱,哪儿还顾得上投资和理财呢!还有些人认为,理财是有钱人才有资本干的事,对于没什么积蓄的年轻人来说,理财缺乏经济基础。确实,理财需要一定的专业知识和清醒的判断能力,但是这并不意味着刚毕业的职场"小白"不能理财。

当然,如果你身处豪门家财万贯,你可以不用理财,因为有人帮你,想不理都难；如果你一辈子一穷二白，存折从来没超过 1000 元，那么你也不用理，因为你没有理财的本钱基础；如果你这辈子能一直有个可以信任的人或单位组织让你衣食无忧，你也可以不用理财，因为理财要花费大量的精力。

如果你不是以上三种人，那么，你最好还是为自己多打算一下，因为说不定一场大病或者意外，就能让你的生活处于风雨飘摇的境地，即使你目前的收入足够多，看不上理财的那点额外收入，但既然有能多赚钱的机会，为什么不去好好利用呢？

"以钱生钱"对于任何家庭和个人，都是人生的重要课题。做好了理财这个事业，让钱来为自己赚钱，是实现财务自由、达成幸福生活的捷径。但是，我发现，真正懂得理财的家庭和个人，真是凤毛麟角。绝大部分人都只知道利用自身人力资源，靠自己的工作和劳动来赚钱，缺乏借钱生钱的勇气和能力。因此，很少人愿意花费哪怕一点点的工夫，来打理自己的财富。更少人愿意像学习一门科学或技能那样，把理财当成一门课程来学习和研究，以利用科学的方法，来达成自身财富的可持续增长。

我在给学员讲课的时候，经常问大家的一个问题就是：你对现在的工作感兴趣吗？如果不感兴趣你为什么还在做这份工作？大多数的人都希望有一份稳定的工作（包括我自己），因为我们都有恐惧和贪婪的一面。没钱的恐惧会促使我们努力工作，得到收入后，贪婪又会让我们想拥有更多的钱买到更多更好的东西，然后这种贪婪又会转化成没钱的恐惧促使我们继续工作。于是，这就形成了一种循环，一种起床、上班、付账、再起床、再上班、再付账的恶性循环。

有没有一种方法能够跳出这种恶性循环呢？投资理财就是一种让钱去代替你上班、代替你赚钱的方法。而且如果这个方法运用得当，就可以让你实现财富自由，不再日复一日、年复一年出卖劳动力去赚钱（因为人的精力有限，终有一天你会卖不动，劳动力会贬值）。

说到底，我们之所以要投资理财，为的是做到财富自由。如何界定"财富自由"呢？我认为，就是不用天天看别人脸色去过苟且的生活，也可以有诗和远方；也敢有一次说走就走的旅行；也有说不工作就可以不工作，不会眼巴巴等着月底领薪水的生活。个人的经济能力不但能满足生活需要，还能有更多可供支配的时间，我想，这才是真正的财富自由。

当你通过"以钱生钱"这门生意赚来的钱，比你依靠人力资源赚来的钱还要多的时候，当你靠钱生出来的钱足够你和家庭的开支的时候，当你学会了利用合法、依规、可持续、可复制的方法来赚钱的时候，你和你的家庭就实现了财富自由。

百度百科对"财务自由"的定义是：人无需为生活开销而努力为钱工作的状态。用公式表达为：财务自由＝被动收入＞支出。

什么是被动收入？意思是不用主动付出劳动，靠投资或者别人的时间和别人的钱获得的收入。它包括但不限于房租、利息、分红、作品版税、个人公众号的广告、代言费等。

可以看出，通过工作所获得的工资并不在被动收入之列。财务自由还有一个更接地气的讲法就是：你不用工作打卡，躺着能挣到的收入，可以覆盖你的所有支出，那你就"自由"了。为了这份难得的"自由"，我们必须重视投资理财，认真学好这门技术和方法，迈进投资理财的大门，让钱升值，让自己增值。财富自由只有两个方法：创业成为企业家或者投资成为投资家。

## 2. 让你的财富为你打工

大多数人之所以跟钱之间总有不可逾越的鸿沟，是因为他们不知道钱的活动能力。钱，跟人一样，是有生命的。每一块钱就是你的一个职员，你的目标是让你的职员勤奋工作，经过时间的沉淀，人员会日益壮大，工作效率会越练越高，他们会帮你赚更多的钱，积累到一定的财富时，你就可以作为董事长早日享受退休生活。钱的作用是购买资产并能产生现金流。

我们要时刻记住两条：

我为钱工作——人挣钱，人是钱的奴隶！钱做人的主人！

钱为我工作——钱生钱，钱是人的工具！人做钱的主人！

钱其实是喜欢工作的，它也想要体现自己的价值。如果你一直让它躺在钱包里，或待在存折里，它并不开心，甚至觉得你不爱它，是囚禁它。但是，也有许多朋友乱花钱，平时花的时候大手大脚，对钱的去向一无所知，到了身上没钱时，才手忙脚乱地到处找钱。

要知道，富人变得更富是因为他们通过长期投资他们的金钱而获得杠杆推力。一个典型的百万富翁把收入的20%存起来，然后聪明地投资出去，年复一年，便积累了财富，这就是富人获得和保持富有的方式——让金钱为他们工作。

很多人常常跟我说，很想投资就是没钱。其实他们的误区在于，很多人都认为投资得有一大笔钱才能开始，总存有"我手头上的钱暂不宽裕"的心理，他们认为投资一次性至少也得是万儿八千的，否则就没什么意义。但是富翁的钱也是从1块钱开始攒起来的，财务自由不是一天就可以实现的，所有的积蓄都是从不起眼的小钱投资开始的。每天节约下来的每一块钱，都是将来实现财务自由的一块坚固基石。攒钱是如此，花钱也是如此，花20块钱和40块钱也许一次算起来没有什么区别，但时间长了所产生的贫富差异却十分悬殊。钱始终在为你工作，你拥有的钱越多，工作起来效率就会越高，收益就会越显著。有了这些钱，你就可以不必再给别人打工，可以在家里陪孩子，享受退休生活，周游世界。如果你当前有收入来源，那么你就从今天开始积累财富，可能一次只有5块、10块钱，但每一次微不足道的积累都将成为你实现财务自由之路的基石。

所以，没钱的时候怎么生钱？先有一只下蛋的鸡才是最正确的，将每月开的工资固定数额存入账户，每月的开销＝收入－存储。别跟我说你是月光族，强迫储蓄的话，钱总是会有的。工资领到手，先存起一部分，剩余的再消费。如果自己老当月光族，以后就只好年年过光棍儿节，我可没有危言耸听。如果工资少，能存下的钱也不多，可以选基金定投，每月可以将固定金额投入到基金中，长期投资收入颇丰。基金的起投点很低，100元也能理财。你不会说每月100元也没有吧？如果真没有，恭喜你，这本书你看到这里就可以转手送人了。

前几年有个小伙子得知我讲投资理财，于是就想让我教他怎么理财。他的起点不高，月收入只有不到5000元，由于年龄小每月没有合理的消费观，经常一个月还没过完钱就已经花光，快到结婚年龄的他对此非常苦恼。我给他的建议是：将每月的四千多元工资拿出1000元投资基金定投，剩下的1500元作为房租，1000元作为花销，还剩500多元流动资金用来学习，提高自己的专业知识。这样每月都投入资金，时间越长钱越多，而且收益也可以翻倍。两三年下来，我都把他忘了，有一天他打电话给我，说按照我当时给他的建议，现在基金收益超过了他的预期。而且每月强制储蓄使他从以前的身无分文到现在存折上已有了五位数。更重要的是，他懂得了用钱让自己升值，自己的技能提高不少，工资也跟着水涨船高。他看到钱生钱比自己拼死拼活一年下来挣到的工资多多了。

钱是个工具，会利用它赚钱，你就是老板。即使目前还是小老板，钱每天不停给你下崽儿。等到某一天，你发现自己的鸡已经长成母鸡，你就可以天天等着它下蛋，甚至要煮着吃还是炒着吃也全凭你自己的选择。让钱给自己赚钱比自己给别人赚钱容易得多，也好使得多，而且最重要的是绝对权在你。

## 3. 投资与理财的区别

现在大家说投资的时候必然会带上理财，说理财的时候也必然会带上投资。很多时候我们是把投资与理财作为同一事物来提及的。随着人们物质生活水平的不断提高，投资理财越来越受到人们重视，但是投资与理财并不能一概而论。

投资指为了在未来可预见的时期内获得收益或是资金增值，在一定时期内向一定领域投放足够数额的资金或货币的经济行为。根据经济学上的定义，投资是指需要牺牲或放弃现在可用于消费的价值，以获取未来更大价值的一种经济活动。它涉及财产的累积以求在未来得到收益，需要持续稳定的时间去实现。

根据经济学上的定义，投资是指牺牲或放弃现在可用于消费的价值，以获取未来更大价值的一种经济活动。理财即对于有形财产和无形财产的经营，多用于个人对于个人财产或家庭财产的经营，在限定的时限内采用一类或多类金融投资工具，通过一种或多种途径达成其经济目标的计划、规划或解决方案。

简单地说，投资重点在"投"，投什么产品，投多长时限，投多少资金……而理财在于"理"，如何管理资金的配置，如何使现有资金取得最大化收益……投资的根本目的是使财产增值，投资者从而能获得较可观的收益，它具有一定的风险，人为因素影响较强；而理财其根本目的是使财产保值，使理财者能够尽可能大程度地使用财产，它较投资风险小，人为因素影响较弱。

投资的资本来源可以通过节俭的手段增加，如每个月工资收入中除去日常消费等支出后的节余，也可以通过负债的方式获得，如借入贷款等方式，还可以采用保证金的交易方式以小搏大，放大自己的投资额度。

家庭理财就是管理自己的财富，进而提高财富效能的经济活动，是对资本金和负债资产的科学合理的运作。通俗来说，理财就是赚钱、省钱、花钱之道。

理财是大概念，投资是小概念，理财包含投资。投资注重每笔钱的投入产出比。而理财所指的范围更广，它既包括投资的回报，也包括实现个人财务目标，如保险、旅游、教育、养老等多方面目标。

在收益目标上，投资的目标是把本金投入某个渠道或者某些产品中，使其为本金获利，目的是收益；理财是对财务合理规划，通过合理安排收入支出从而减少不必要支出，通过一些方法与手段保障财产安全、保值等。

从时间上来看，投资一般只是短期行为，大多数是关注眼前的利益行为的一种方式，但是理财则是长期行为。即使你家财万贯，如果没有理财观念也可能将财富毁于日常的消费之中。

一个人一生的收入来源于两个方面：一方面是工作收入；另一方面是投资理财收入。理财是人生规划，投资是为了更好的未来。

所以，我们要立足一生做财产规划，长时间去理财，要跟对人学会方法做投资。

## 4. 投资与投机的区别

资本的投资性与资本的投机性，是一对孪生兄弟。因为，无论是资本的投资，还是资本的投机，其目的只有一个，就是以获取利润来实现资本的增值及扩张、再扩张。投资与投机，那条分界线在哪里，并没有十分清晰的界定。美国理财大师格雷厄姆这样定义投资与投机：投资是一次成功的投机，而投机是一次不成功的投资。

投资与投机并无高低贵贱之分，我在这里并不对两者做道德评判。从历史回顾看，投机可能赚很多钱，而投资也未必保证100%赚钱。但投资所做的事情是提高赚钱的概率，从长期看增加胜率。从大数定理看，时间是投资者的朋友，并不一定是投机者的朋友。

比如，一个真正的投资人，不会投资了一个项目后一直在那儿等。巴菲特投了一只股票，不会一直在那儿等。孙正义投资阿里巴巴，也不会在那儿等它上市，而是调动一切资源和资本去支持阿里巴巴，包括找来了好朋友杨致远以及美国的一些机构一同来投资马云。之所以这么做，是因为他看到了这是一家具有投资价值和高成长性的公司和团队，即便是阿里巴巴连续六年连盈利的方向都找不到的时候，他还是坚定地投资并支持马云。

真正的投资者和投机者的区别是：投机者只看到每天的回报和收益；而投资者看重的是所投资项目是不是每天在进步、每天在落地、每天在成长，这个时候，真正的投资人明白，是时候该长期持有并且调动一切资源和资本去支持它。无论是资金投资还是股权投资，最重要的是价值投资，而价值投资指的是这个项目的成长性、落地的能力、创造价值的能力。

而投机者则是急功近利，总想短、平、快地赚钱。当然，在资本市场也不乏一些投机者赚到钱的案例，只是投机相对于投资来说，可能赚的是快钱、小钱，而不是长远的价值。

投资与投机的相同之处：

（1）两者都是以获得未来货币的增值或收益为目的而预先投入货币的行为，即本质上没有区别。

（2）两者的未来收益都带有不确定性，都要承担本金损失的风险。

投资与投机的不同之处：

（1）两者行为期限的长短不同。一般认为，投资的期限较长，投资者愿意进行实物投资或长期持有证券；而投机的期限较短，投机者热衷于频繁地快速买卖。

（2）两者的利益着眼点不同。投资者着眼于长期的利益，而投机活动只着眼于短期的价格涨落，以谋取短期利益。

（3）两者承担的风险不同。一般认为，投资的风险较小，本金相对安全；而投机所包含的风险则可能很大，本金有损失的危险，因此，投机被称为"高风险的投资"。

（4）两者的交易方式不同。投资一般是一种实物交割的交易行为，而投机往往是一种信用交易。

实践证明，投资与投机都是金融市场上不可缺少的行为。没有投资就不会有投机市场，而如果没有投机，投资市场就会显得毫无生机。

## 5. 不怕有风险，就怕没风控

只要涉及到投资，我们耳熟能详的一句话就是"投资有风险，入行须谨慎"。高收益伴随高风险是一个颠覆不破的真理，是不是因为有风险就应该对投资裹足不前、不敢尝试呢？在我看来，不怕有风险，只要做好风险控制就好。

在投资领域，高明的投资者首先要控制好投资的风险，在此基础上寻找获利的机会。所以，高明的投资者能够保证自己不被市场洗出局，而不是确定保证获利。

而我们自己的投资过程中，往往纠结于选股、选项目、选基金等等，纠结于选择，对于控制风险却手足无措。不管你是大资金，还是小资金，当你无法控制风险时，很快你就会发现，获利不难，甚至可以持续，但是，往往保持了很久的胜利，只要一次错误就会亏掉之前所有的利润，甚至本金也会出现亏损。就像俗话说的"辛辛苦苦一整年，一夜回到解放前"，成为市场里无私奉献的韭菜。在巴菲特的投资名言中，最著名的无疑是这一条："成功的秘诀有三条：第一，尽量避免风险，保住本金；第二，尽量避免风险，保住本金；第三，坚决牢记第一条、第二条。"所以，风险控制大于投资风险，想要做到风险控制必须学会风险评估。

风险评估之所以是投资过程中必不可少的要素，它有三个有力的理由：

（1）风险是一件坏事，大多数头脑清醒的人都希望避免风险或将其最小化。金融理论中的一个基本假设是，人的本性是规避风险的，他们愿意承受更低的风险而不是更高。因此，投资者在考虑某项投资时，首先必须判断投资的风险性以及自己对于绝对风险的容忍度。

（2）在考虑某项投资时，投资决策应当将风险以及潜在收益考虑在内。出于对风险的厌恶，投资者必须被诱以更高的预期收益才会承担新增风险。

（3）在考虑投资结果时，收益仅仅代表收益，评估所承担的风险是必需的。收益是通过安全的还是有风险的投资工具得到的？是通过固定收益证券还是股票得到的？是通过投资大型、成熟的企业得到的，还是通过投资小型、不稳定的企业得到的？是通过投资流动性股票和债券还是流动性欠佳的私募股权得到的？是利用杠杆还是没有利用杠杆得到的？是通过集中化投资组合还是多元化投资组合得到的？

因此，除了确定自己是否能够容忍伴随投资而产生的绝对风险，投资者的第二项工作是确定投资收益是否与所承担的风险相称。显然，收益只是投资时需要考虑的一个方面，风险评估是必不可少的另一个方面。只有在投资之前先做好风险评估，才能有效地防范风险和控制风险。

风险不是一成不变的。比如我们说每年"2%的抵押贷款违约"，那么，即使多年平均值的确如此，但是在任何时间点都有可能出现导致一种结构性金融工具覆没的、不同寻常的大规模违约事件。总会有投资者，尤其是高杠杆投资者，无法在这种时候生存下来。

人们高估了自己判断风险的能力，以及对未曾见过的投资机制的理解能力。理论上来说，人与其他物种的区别之一是，人不必亲身经历某件事情便能知道它的危险性。我们不需要通过烧伤自己来验证我们不应坐在滚烫的火炉上。尤其面对高回报、高收益的诱惑，人们往往会丧失这种能力。他们不是去识别未来的风险，而是倾向于高估自己对金融新发明的理解力。

最后，也是最重要的一点，大多数人将风险承担视为一种赚钱途径。承担更高的风险通常会产生更高的收益。市场必须设法证明实际情况似乎就是这样，否则人们就不会进行高风险投资。但是市场不可能永远以这样的方式运作，否则高风险投资的风险也就不复存在了。一旦风险承担不起作用，它就会完全不起作用，直到这时人们才会想起风险到底是怎么回事。

## 6. 危机就是危险中的机遇

投资有风险是人人都知道的事情，在投资的过程中，隐含着众多的风险因素。风险因素不但错综复杂，而且因时、因地、因人、因事、因市场竞争而不断变化，不易被觉察，不易被识别，不易被把握。事实上，危机，即危中存机。在投资领域，有的人只看到危，看不到机，在保守前进的过程中错失很多投资机会；有的人相反，在人人以为的危险中反而看到机遇，通过抓住机遇让自己的投资获胜。

李嘉诚之所以能够成为世界级富豪，其财富秘诀有多条，但是，善于把握危险中的机会却是其中十分重要的一条。而能够做到这一点，就要有"看淡眼前，着眼未来"的逆向思维方式。李嘉诚正是由于这种逆向思维方式，才在经营中如有神助，屡创奇迹。比如1967年中国香港地区的社会不稳定，股市暴跌，此时投资者普遍失去信心，中国香港地区的房价也随之暴跌，但李嘉诚却凭借过人眼光和开拓魄力，逆向思维，人弃我取，趁机低价大肆收购其他地产商刚开始打桩而又放弃的地盘。这样，在20世纪70年代中国香港地区楼宇需求大大增加时，他赚得钵满盆满。其实，在李嘉诚几十年的经营生涯中，这样的事例举不胜举。

股神巴菲特靠投资股票成为世界首富，靠的也是善于在危机中寻找机会的逆向思维方式，他的投资格言是："当别人贪婪时我恐惧，当别人恐惧时我贪婪。"在华尔街陷入泥潭、狼籍一片时，巴菲特大买、特买曾经看好，但又苦于一直没有机会买进的股票，尽情地享受着令人神往的、残酷的乐趣。但在股市大涨的时候，他从不跟风。

李嘉诚和巴菲特之所以能够成为伟大的企业家和投资家，这和他们能在危机中把握机遇的能力是分不开的。

面对危机，人们一般有三种心态：一种是面对危机感到无所谓的人，也就是麻木的人，随波逐流的人；一种是面对危机变得悲观的人，也就是被危机吓倒的人；最后一种是面对危机能够冷静分析、从容乐观的人，也就是相信总能在危机中找到机遇的人。

危机是检验投资能力的一块试金石。能否预防危机、战胜危机往往是考验一个人能否做大做强的重要指标，对于创业的企业也是相同的道理。

一个企业最大的隐患，不是外部环境的恶化，而是创新精神的消亡。俗话说得好："如果你不想犯错误，那就最好什么也别干，只要我们干事业，就随时随地伴随着风险。"居安思危，转危为机，是一个企业持续长久生存和发展的必备素质。据统计，中国民营企业的平均寿命不过3年，这和我们的企业缺乏危机管理是有很大关系的，市场经济有其特有的周期性，能够生存长久的企业，都是能够克服经济周期、战胜危机、驾驭危机的企业。

所以，无论是创办企业还是进行投资，一是要敢于冒风险，敢想敢干，敢于运用先进的知识和理念摆脱习惯思维的束缚，大胆创新，大胆提出新见解、新设想、新方案，出奇制胜；二是在做投资决策时，除应定性、定量地确定是否值得投资、何时投资、分几期投资、每期投入多少外，还应拟定退出的时间表，即何时可收回投资、何时退出、分几批退出等，做到心中有数，把握投资主动权。三是市场情况千变万化，做投资决策时应谋定相应的应变策略，以防不测，甚至可仿照股市、期市，设定止损位，一旦发现决策失误，及时设法退出，避免越陷越深，不可自拔。

要学会运用逆向思维看待投资，只有反其道行之，才有可能走出康庄大道。

# 第二章
## 要么掌控钱,要么被钱掌控

**财富观念篇**
——丢掉旧观念,投资理财改变一生

上篇

## 1. 谁是我们财富的敌人

如果你是一个经常光顾超市和菜市场的人，肯定听过这样的言论："以前一块钱能买三个大馒头，现在八毛钱买一个馒头，个头还小了不少。"这说明什么？说明我们握在手里的钱在贬值，在降低购买力。10年前两块钱能买一斤顶好的猪肉，而现在20块钱只能买一斤品质一般的排骨。这就是我们在浑然不觉中被"蒸发"掉的财富，罪魁祸首就是"通货膨胀"。如果馒头从去年五毛钱一个上涨到现在一元钱一个，其他所有商品的价格基本没有变甚至下降，这不叫通货膨胀，只能叫"馒头涨价"。只有在馒头涨价的同时，米饭涨价、衣服涨价、房子涨价、水电费涨价……这才能叫作通货膨胀。

现在，连买菜的大妈都知道"你可以跑不过刘翔，但一定要跑赢CPI"！CPI在很多人的眼中就是通货膨胀的代名词，但这个说法不够全面。当CPI数值为正值的时候，一定程度上意味着通货膨胀的存在，但当CPI为负值的时候，则意味着整体物价的回落。

我们暂时不管经济学家口中的CPI，我们假设一下，假如每年物价上涨4%，以现在的1000元人民币为例：

5年后，实际消费能力相当于现在的820元；

10年后，相当于现在的670元；

20年后，相当于现在的450元；

30年后，相当于现在的300元。

想想是不是十分可怕？如果不去投资和理财，即使长了刘翔的腿我们也跑不过通货膨胀，尤其是那些"睡觉"的钱，一天天在贬值和缩水。

个人或家庭财富最大的威胁是通货膨胀。可以说是"通胀猛于虎"。如果你不会理财，你恐怕连通过自身人力资源赚来的钱，都可能被这只老虎吞噬掉。通胀这只老虎，是威胁你达到财富自由的最大限制。如果你和你的家庭，不能通过理财来抵抗通胀的侵蚀，那你的人生绝对是失败的，"自由"更成为了一种海市蜃楼似的空谈。黑兹尼兹说："通胀是一种最有害、最恶劣的加税，是催眠术和麻醉剂，能吸食鸦片般地减轻人的痛苦，是对民众的超额榨取。"我们已经离开了"金本位"货币体系，通胀已经成为了我们生活的常态。如果不学会利用理财来抵抗通胀这一"最有害、最恶劣的加税"，那么，你和你的家庭将永远陷于被猛虎追赶的噩梦之中，难见天日。因此，理财的意义还在于使你和你的家庭"免于恶劣加税的痛苦，免于财富被减值的压迫，免于永远陷于贫穷的奴役"。表面来看，贫穷是一种能力缺乏的结果，实质上是一种罪与刑。"贫穷从来都是一种自己对自己最大的犯罪，也是个人对于他人最大的犯罪。"因为，你的贫穷限制了别人的自由、拉低了别人对自由选择的可能。

很多不想为理财伤脑筋的人总以为：把钱放定存就好了，每年有固定利息，又不用为理财忙东忙西，何乐而不为？其实这种观念真是大错特错。因为每年的通货膨胀率会使得金钱的"实质购买力"下降。当每年的通货膨胀率高于定存利率时，就代表金钱的价值缩水了。或许你会怀疑：这种现象真的经常发生吗？如果我告诉你，10个亿可能什么都干不了，你会诧异吗？这种现象在1949年的中国却是现实。当时的货币叫法币，10亿法币连3粒米都买不到！现如今的物价也是在不断地上涨，但我们的工资水平却还是维持在原点。试问，在如此恶劣的通胀环境下，我们该如何去应对？众所周知，我们也正在经历"储蓄现在是负利率"，我们的财富在不断地被蚕食。没错，通货膨胀一直存在。所以，可千万不要再以为钱放在银行就没事了！持续的通货膨胀，将使您的财富一天天缩水，一段时间以后您或许已经由富人变为穷人了！怎么办？投资，只有投资，才能让我们的财富在保值的基础上增值！

## 2. 做自己的财富守护神

老祖宗留下一句话"过日子要精打细算"，用我们现在的思维去理解这句话的深层含义，就是要学会规划人生。前面我们说，通货膨胀在无形中会让我们的财富缩水，那么，我们就要找到应对的措施守护自己的财富。守护自己的财富不是天天喊口号"我要赚大钱""我要当富翁"，而是要从实际出发，对钱财具体量化，不要把心中的蓝图画成草图，如此潦草杂乱。怎么可能得到财富？不要说钱越多越好，这等于没说；也不要说钱花不完，这是自欺欺人。关于财富的内心描绘我来举些例子，比如：

"愿我的财富能与我的努力成正比。"

"希望我的钱能照顾我的妻儿老小。"

"让我不为下个月的生活费发愁。"

"我不要欠别人的钱！"

"我要开个小店投资 10 万，希望钱能帮助我成功！"

"我现在月入 2 万，我要有 20 万定期存款。"

"我愿意用 5 年时间，买一套属于自己的房子！"

"我要有足以应付意外的存款。"

"我要拿出几万元钱提升自己的财务管理水平，学习如何投资理财。"

……

一个人把财富量化成一个个可以实现的点,如同跑马拉松的人把每一个800米的标志物当成超越的目标一样,只有这样才能跑完整个马拉松。财富也是这样,不是强取豪夺,是要按着一个个既定的小目标去实现、去攻克。

我的学员小陈是个普通职员,有次他向我咨询,为了日后实现财务自由,他愿意每天一点一滴进行财务规划。被他的诚意打动,我开始手把手地教他:

首先,他几乎每课不落地听了我所有的课,目的是建立正确的创富观。知道一个人的财富来自先改变观念,让观念指导行动,最后成为习惯。我告诉他:首先,要从生活中最小的行为开始改变自己,积累财富。平时,能不用信用卡尽量不用,因为付现金会有花自己钱的心疼感,刷卡好像钱不是自己的,一不小心就会消费超支。如果一定要用信用卡,尽量集中一张刷,夫妻双方可同刷主副卡,这样不但还款方便快捷,也能通过信用卡的消费统计,对自己的家庭支出有个全面的了解,而且不少银行卡提供了消费分析指南,对理财很有裨益。这样做的目的是尽量减少负债。就像《富爸爸,穷爸爸》里讲的观点:钱的原始积累来自于正确的消费观,买东西前先问自己,这个东西是投资还是消费,如果消费就要三思而后行。

其次,合理使用网购,不是不分好次见打折就买,见好评就下单。部分不着急使用的物件可以通过网上遴选的办法,买到价低质优的产品,省时省力。

最后,经常阅读投资理财著作,特别是经典的作品。他很认真地读了两遍我推荐的《富爸爸,穷爸爸》,而且还写了十几页的笔记。我陆续推荐给他的理财书,他都买来学习。

有了正确的理财观之后,我建议他把支出分成3份:

(1)固定支出。他每月一发工资就会被银行划掉房子贷款,直接把俸车费、物业费也扣下来，这是固定的支出，没有周转余地。这部分开支一般在一定期间内是固定的，且可以精确预计的；同时由于该类开支一般属于强制性开支，因此该类开支应当每月在做其他支出之前就预留出来。

（2）变量支出。这词儿听着挺新鲜吧！汽油费、车子保养费、水电费、医药费、通讯费、服装费等生活中的费用有一定的可收缩性。在倡导低碳环保的宗旨下，我主张少开车。但购置衣服却不能买价低质廉的地摊儿货，因为真正会消费是要让物品买得有价值：同样一套西服，宁愿花3000元穿三五年，不买300一套穿一年。因为前者看似价高，三年摊下来价就低了，唯一不同的是3000元的西装穿着显档次，人有精神，这才是真正的性价比。

（3）人情支出。我认为人情支出里孝敬老人排在第一位，还有节假日开支、家有喜事、请客吃饭等项开支。这部分属于非必要性开支，因而灵活性也最大。不过交际和人情往来方面还是要有投资，毕竟人脉决定钱脉。一个人不跟任何人打交道，固步自封，省了小钱往往丢了大钱。这一块费用没有什么可压缩性，属于家庭基金，好好地经营才会有和谐的生活。

经过一年半的时间，小陈的财务状况明显上个了台阶。生活中，我们都可以成为自己财富的守护神，只要观念改变，会理财，生活中既不会因过分节俭显得狼狈，又能平平顺顺没有缺钱的危机。我想，不管你是工薪族还是企业大佬，只要学会规划挣钱、攒钱、让钱生钱，不愁没有好生活。

## 3. 构建理财系统，打造财富管道

我非常推崇的打开创富思维的好书《富爸爸，穷爸爸》里讲，财富分配有四种象限。左象限是 E、S，右象限是 B、I。左象限 E 代表的是雇员，S 代表小型生意人或自雇人，如会计、律师、自由投稿者。右象限 B 代表企业拥有者，如麦当劳，肯德基，微软。I 代表投资者。四种象限代表不同观念的人，而世界财富的 80% 都在右象限 20% 的人身上，即象限 B、I 的从业人身上。如果你想富有，为你提供更好机会的是右象限而不是左象限。右象限 B 就是靠系统为自己服务，为自己赚钱。如果我们不去改变创富思维和投资理财的思维，也许我们永远是左象限中的人，拼尽一生做个小职员，挣着有限的薪水，随时面临着生活的压力，而不能实现财富自由。所以，我们需要构建理财系统，给自己打通一个财富管道。

之前看过一个故事：

有两位名叫帕瓦罗和布鲁诺的贫困年轻人，被村里雇佣来将附近河里的水挑到村广场的大水缸里，村里按一分钱一桶的价格结算给他们！一天最少能挑 100 桶，收入高达 1 元，这已经是村里富人的收入水平了！帕瓦罗坚信这是世界上最美好的工作，收入高，更能过上好日子。于是，周一到周五他辛苦地工作，周六周日悠闲地休息，如此过了两年他住上了小洋楼，还拥有了几头奶牛！布鲁诺在得到这份工作后，欣喜之余却多了一份担忧，看着挑水带来的满手血泡，他开始担心年老后怎么办？于是，他萌生了一种想法：修一条管道到村里，这样自己就不用挑水了，而且享用不尽！

于是，布鲁诺开始了辛苦的工作，白天挑水，晚上抽时间挖管道，周六、周日也不休息，继续挖管道。因为把挣到的钱及业余时间都投入到挖管道上了，以至于五年后他还是一贫如洗。这时帕瓦罗投来了讥讽的眼光：好好的工作不做，非得去折腾！不过，这时的帕瓦罗与布鲁诺因为长期负重担水，身体已经不如以前了！一晃十年过去了，布鲁诺的管道成功地挖通了！河里的水顺着管道源源不断地流进村子的水渠里，村子有持续的新鲜水供应了，村民欢呼，附近其他村子都搬到这个村来，村子顿时繁荣起来。布鲁诺不用再提水桶了，无论他是否工作，水都源源不断地流入。他吃饭时，水在流入；他睡觉时，水在流入；当他周末去玩时，水还在流入；流入村子的水越多，流入布鲁诺口袋里的钱也越多。而管道却迫使帕瓦罗失去了工作！

这个故事告诉我们一个十分易懂又值得深思的道理，如果没有一套完整的理财系统来让我们有源源不断的现金流，我们穷其一生都只不过是一个被生活牵着鼻子走的人。

我反复强调，要辛苦工作赚钱，也要会投资理财。只有两条腿一起走路，才能走向财务自由。可是我们看一看身边很多的人，拼命地赚钱，甚至加班加点或者两份工作，可是赚来的钱却用在消费上，用在偿付信用卡上，并没有用来投资理财，没有资产，没有股票。他们是一条腿在走路，最终会越走越辛苦。努力拼搏斗志可嘉，可是仅仅靠自己双手辛苦赚钱，始终有限。一个人再努力，再勤奋，一辈子能存下20万已经是极限了。唯有投资理财才能突破限制，用钱赚钱才能赚到更多，100万、上千万甚至更多。富人和普通人的区别就在于普通人购买了太多的消费品而富人却购买了太多的资产。我们已经讲述过资产的定义，拥有的同时能够给你带来收益的投资品均为资产。

这几年，我的工作性质使我一直扮演着一个多面手的角色，培训大脑记忆力、天才的学习方式、思维导图，做过小型公司的员工心理建设辅导、个人心理辅导以及成功学教导，而现在有几十上百的人向我咨询行业分析、理财和投资的知识。经历了这么多，有时回过头来，为自己骄傲，为自己这么年轻就看懂"财富学"而骄傲，庆幸自己一直在为自己工作，更幸运的是现在找到了符合21世纪经济行情和趋势的事业，为自己不是在做"挑水"而是建立财富"管道"的工作而兴奋。

想要致富，其实没那么困难。收入是心理状况的测量数据，周遭的环境只是大脑价值的投影，简单地改变大脑的思维，我们就会大幅改善收入状况。想想你目前的工作能帮你带来几次报酬？你卖的东西是一生能用几次的？你就可以拥有真正的财富，并且打造一个永不缺钱的计划！

## 4. 全面理财与片面理财

说起理财，我相信随便找一个普通人或金融投资的外行问一下，都能说出几样，比如买基金、炒股、存银行、买房，无论是哪一样，如果单拎出来去研究，都属于片面投资的范畴。

同时，对于这些单一投资形式，有的人还会陷入片面地只追求收益率，而忽视了其他方面的回报。比如：甲产品的预期最高收益率可达20%，乙产品的预期收益率在5%左右，这种情况下该如何选择？这似乎是一道简单的选择题，却让不少投资者轻易踏入了投资的第一个片面性陷阱。因为，我们必须要牢记的一点就是：收益与风险是硬币的正反面。在理财的过程中，收益率往往是投资者们最为关心的一个问题。于是，在大多数情况下，收益率成为了众多投资者选择投资产品的唯一"标准"。"当然选预期最高收益20%的产品了。"有的人毫不犹豫便做出了选择，理由也很简单——理财就是为了多赚钱，收益率当然是越高越好。

另一个片面性表现在没有自己独到的投资理财方法和技能，而是喜欢跟风和随大流。这样的行为带来的结果可想而知，就拿炒股来说，如果不能独辟蹊径，随大流往往死得更快、套得更牢。

作为一种社会性动物，人们在做出理财决策的时候，始终难免受到周边的影响，而理财方式的复杂多样也会对其中的理财者产生无形的压力，因此要想坚持自己的主见，做起来要比说起来难得多。如何避免成为理财市场的"墙头草"？口头上的坚持往往是无力的。对于理财者而言，一个比较可行的方式就是建立起自己的理财规划。也就是说，对自己的财富分配、理财方向大致上有一定的规划，在分类的基础上配合一定的原则，执行起来可能就要相对简单得多。

我认为良好的理财水平首先建立在三个基础之上。第一，要有对理财知识广泛的了解。合理的投资往往是组合型投资，只有广泛地了解多种专业知识，才能对理财目标进行科学的整合。现在很多人买房、买股票常常都是道听途说，而不是认真研究市场，结果常常是被套在高位。第二，要有一定的行动力。理财不是纸上谈兵，只有经过长时间的实践操作，才能对市场有感觉，才能形成自己的理性判断和操作经验。第三，要有正确的理财心态。理财投资中的风险与收益是相对等的，急功近利必然意味着要承受更大的风险。

相对于片面理财，全面理财就很好理解了。所谓全面理财应该贯穿一个人的一生，从生到死时刻都要想着如何规划自己的财富，做到活着经济自由，死了能让财富传承，我想这才是我们要实现的全面理财。

真正全面的理财不仅包括了我们人生中出现的生老病死等所引起的种种经济危机和财务问题，以及我们在日常生活中创造财富、资本运作、财富传承等，还应当包括投资计划、保险理财、退休理财、遗产理财等理财行为，而不仅仅是投资于某一个项目或者行业。许多人仅仅把理财理解为投资，这样的理解是相当不准确的，完全可以说是片面理财的想法。只有把理财同我们的生活以及人生的方方面面结合起来，做到全面理财，我们才能对财富取得更深入的把握。

之所以要这样安排我们的投资理财行为，其中的原因非常明显。我们都知道，收益和风险总是成正比的，相对来说，我们进行投资所得的收益要高于其他理财方式，但同时也要承担相对高于其他理财方式的风险，而且随时都有可能面临财富损失。假如我们把理财仅仅当成是一种投资的话，那无异于把理财当成是一种赌博行为，如果成功就是幸运，不成功则是不走运。这样的理财观念其实是非常片面的，必定会导致很高的财富损失风险。而保险这种投资手段虽然相对来说收益会少于投资行为，但却能带来最基本的财富保障。因此，如果想要做到全面理财的话，我们至少要把个人财富的五分之一投入到保险这样低风险的理财项目，之后才能着眼去寻找其他的理财方法。

比如，人生的理财应该分为三个重点时期：

（1）18岁至35岁的青年时期。此时期应着重攒钱，尝试投资。年轻人刚刚工作，收入比较少，但是需要花钱的地方很多，恋爱、结婚、买房、买车。尽可能减少冲动消费。但由于年轻人的抗风险能力比较强，所以适度地买一点股票或者基金，为中年以后的投资积累经验是可取的。

（2）35岁至55岁的中年时期。此时期则应该继续攒钱，大力投资。这时候人们已经慢慢走向成功，收入相对稳定和增多，所以一定要加大投资力度，为以后养老做好准备。

（3）55岁以上的老年时期。此时期则应该保管好钱，少量投资。这是应该安享晚年的阶段，所以最好不要去做股票、基金和不动产投资。

综合来说就是年轻人要攒财，中年人要创富，老年人要守财。

所以，我们要尽可能地避免陷入片面理财中，而要努力实施、实现全面理财规划，并不是单纯运用投资理财的技术创造尽可能多的财富，而是以投资理财为主，综合运用各种理财手段，进行财务规划、生活规划以及人生规划，从而能让自己持续稳定地享受高品质生活，尽可能规避人生中可能遇到的风险，通过财务自由实现生活目标和人生理想。

## 5. 资产配置的艺术

做过投资的、自己投资的，以及帮人投资理财的人都会说：鸡蛋不要放在同一个篮子里，但是却很少有人会告诉我们鸡蛋应该放在几个篮子里最为合理！同样的，投资人最基本的需求是追求收益，分散风险，但是如何满足这样的需求却一直困扰着投资人。而大类资产配置以多元化投资各类资产的方式，为投资人带来了实现最优化收益的投资艺术。

通向投资成功的大门向每个人敞开，前提是资产配置的决策做到位，平滑风险，排除噪音，提高胜率。资产配置是一门科学，需要构建金融学完整知识体系。它更是一门艺术，不同的人会有不同的配置偏好，这取决于个人的能力圈和思维方式。无论是机构投资者还是个人投资者都需要资产配置。对个人投资者来说，首先是改进金融思维和行动，而资产配置是其中一项重要工具，它改善了投资组合的风险回报平衡，即面对不确定的市场时，通过一定的原则建造一个组合，在风险一定的情况下增加总的回报，或者在回报一定的情况下降低总的风险。

理财很重要，但随着理财产品的丰富，市场竞争也日趋激烈。财富增值意味着投资者最大程度地调动了现有资产，提高了资产的配置效率。著名投资大师彼得·林奇说：你将来的财富不只取决于你目前赚了多少钱，而是你能拿多少钱去投资。投资的对象包括股票、债券、房产、基金、黄金、股权、期货、大宗商品等，但是选择哪些产品，如何进行配置，以及持有时间的把握却大有讲究。投资品种选择失误，或者持有的阶段时机不好，都可能会导致大幅亏损，不但最后不能实现财富的增值，反而会在今后的日子里受累于不当的投资决策。可以说，投资收益有80%归因于资产配置选择。

资产配置的目的，是为了让未来的自己充满希望，足以应对大部分问题，而不至于到绝望的境地。

资产配置分三级：

第一级：保障基本生活，可应对短期失业。

第二级：可应对中期失业、重大危机以及经济危机。

第三级：可应对未来的中年危机、孩子教育、养老退休，可随时退休或者创业。

在这三级中，我认为是逐渐递增的，从最开始的一级学会了投资理财观念和思维，然后慢慢上升到第二级和第三级。

资产配置有个"1234口诀"，把资产分成四个账户。

（1）生活的钱（10%）

这个是我们一般的生活账户，也就是手上持有的现金和银行里的存款。这部分钱用来满足日常的开销，建议是保留出6个月的现金量。平常换个工作，到再收入的时候可能需要3~6个月的时间。所以保留出6个月的量，即使面临没工作的情况，起码半年的生活还是有保障的。

（2）保命的钱（20%）

这是为个人提供意外保障的账户，一旦发生不幸情况，可以通过这种杠杆的方式保障自己。需要注意的是，保险的意义在于规避不可承受的风险。若是我们能承担得起的风险，并不会是什么大灾难，不会威胁到正常的生活。这种情况，顶到天也只是心疼割肉一下，不会对我们造成伤筋动骨的情况。因此，保险的原则是保大不保小。优先保障极端的情况，如意外险；其次是保障重大疾病险。一旦发生重大变故，可以先保障自己或家人的生活维持，不至于把家庭逼到一个很窘迫的境地。那时如果叫天天不灵叫地地不应的话，是非常凄惨的。

这部分资产不用配置太多，依据个人情况10%也是可以。但注意一定要专项专用，用来保障就是保障用。不建议买保险、投资、保值混为一谈的产品，弄不好血本无归的事情也是可能会发生的。

（3）赚钱的钱（30%）

收入中有1/3的钱可以进行理财，如股票、期货、外汇之类的投资。这是用钱生钱的帐户，当然在承担风险的同时，也会产生很高的收益。使用这笔钱有一个非常重要的原则：即这笔钱哪怕全部亏光，也不会对正常生活产生巨大冲击。因此，务必要好好考量自己的风险承担能力！需要注意，在这高风险高收益并存的世界，作为子弹的资金是非常重要的。永远不要全部用光，哪怕一败涂地，只要还有弹药就有再战的机会。

（4）保本的钱（40%）

这可以看作是退休账户，或者说是现在藏起来，将来一定会花的钱。这个账户需要每个月都要固定存入哦！而且首要目标就是保本！不求高回报高收益率，只要大于通货膨胀率就可以了（8%~10%）。否则存了一辈子钱，结果被通胀拿走很多那是相当亏的。

很多人一级资产配置都没有达到就想要一步登天，达到第三步资产配置才能实现的财务自由。期望一夜暴富，利用杠杆炒股、炒房、炒期货、做传销，最后只要一次下跌、一次失业、一次意外或者一次金融危机，就像玻璃一样，随时都会破产。看看当下的你，处于哪个资产配置级别，缺什么补什么，优化自己的资产配置。

## 6. 理性投资，果断与谨慎并行

每个人都有责任使资本成为创造财富和造福人类的工具，而如何成为一个理性投资者让财富增值，却是我们每个人都要学习的课程。

进行投资理财的人们都知道需要理性投资。理性投资并非一种具体的投资方法，而是一种认真的投资态度：在投资前，仔细地理清思路，明确投资的逻辑，并在力所能及的范围内充分验证；在投资后，真正花时间去回顾投资的结果，对之前的投资逻辑进行反馈和修正。这样就使自己的投资流程形成一个有反馈的闭环，在每一笔投资中不断改进。

但是，现实中不理性投资的人想必也不在少数，特别是在股市行情好的时候，这种情况可能会更加明显。不理性投资的表现有很多种，如有的人把自己结婚、买房的钱拿出来投入到股市中；有的人买股票到处打探消息，希望能借所谓的"内幕消息""独家消息"让股票拉几个涨停；有的人听风就是雨，自以为得到了消息，却发现这些所谓的消息根本就不存在；还有的人把一些需要注意的事项都不放在心中，到头来还要怪罪于别人。不理性的投资者行为远不止这些。我认为，这些不理性的投资行为，是对自己的不负责任，到头来吃亏的还是自己。我们所说的投资者保护，更多的是保护投资者的合法权益，而不是保护不理性的投资行为。

投资是一个学习的过程。一开始，我们都是新手，逐渐地会变得有经验，直到成为专业的投资者。和所有的初学者一样，我们不可避免会犯错，但是，我们不应该害怕错误，应该在错误中不断学习成长。

投资伊始，我们应该回答自己三个问题：知道自己买的或投资的是什么吗？知道自己的风险是什么吗？知道自己能承受多大的风险吗？"知己知彼，百战不殆。"只有知道自己承担的风险和做出好的投资决策的能力，才能更好地取得收益和投资回报。

在选择投资项目或者投资产品的时候，我们一定要对项目或者产品做足够的了解。在第一步完成"了解自己"的步骤后，投资者需要了解理财产品的特性。市场规律表明，投资品的预期收益一般与风险成正比，也与期限成正比。即在其他条件相同的情况下，高风险的产品一般会提供较高预期收益，低风险产品提供的预期收益往往较低。同时，在其他条件相同的情况下，期限长的产品提供的预期收益要高于期限短的产品，以弥补投资者的流动性损失。此外，尤其是在选择投资产品的时候，仔细阅读投资产品说明书是了解产品最直接、最准确的途径之一。一般来说，阅读说明书要特别注意以下几个关键点：关注产品是否具有保本条款；关注产品的投资品类型；关注产品的流动性安排；关注产品的预期收益率；关注产品面临的各种风险；关注产品的投资起点金额。

当然，理性投资也会因人而异，比如，一位刚开始理性投资的新手，与一位坚持理性投资20年的老手相比，他们的具体投资方法肯定有显著不同，这是因为两者的经验累积有巨大差异。再比如，一位专业投资经理与一位业余投资者，即使理性投资的时间相同，他们的投资方法也必然迥然不同，这是因为专业投资经理无论从精力投入上还是信息资源上都更有优势。再有，同样是理性投资，价值投资者和成长投资者通过长期实践磨砺出来的具体投资方法必然有很大不同，因为他们选择投资标的时利用的信息集不同，然而这并没有关系，两者都可能获得成功。

由于我们认为理性投资并不是绝对的，而是因人而异的，所以，真正的理性投资更好的定义方式应该是：每个人在自身条件允许的前提下，做了充分的事前验证和认真的事后反馈的投资方式。在选定一个投资项目的时候，既能果断地出手，又能谨慎地审时度势。做到这样，才可以称得上是理性投资。

第二章　要么掌控钱，要么被钱掌控

# 第三章
## 先富脑袋,再富口袋

**中篇**

投资理财能力篇
——投资理财靠脑子,不靠运气

## 1. 把鸡蛋放进合适的篮子

投资理财，为了分散风险，大家都懂得一个道理：不要把鸡蛋放在一个篮子里。这个道理传播很广。其实，还有一句名言，很多人却忽视了：把鸡蛋放在一个篮子里，然后看好它！

我们既然已经了解了投资领域"鸡蛋"和"篮子"之间的相互关系，那么，无论是把鸡蛋放在不同的篮子里，还是放在同一个篮子里，其实都存在着一个共同的问题，那就是：篮子的安全对于鸡蛋来说至关重要。找到一个永远不会破的篮子，想必是每一个投资理财者梦寐以求的。那么，在篮子的挑选上，我们应该如何去把握呢？

如今投资理财的渠道层出不穷，各种各样的理财手段让人们眼花缭乱，如何找到适合自己的投资渠道，是我们寻找不破篮子的关键所在。还是那句老话"投资有风险，入市需谨慎"，这是今天的投资者无时无刻不被提醒的一句话。要知道，在投资领域，风险无时不在，无处不在。

分散风险的前提是能够认清风险，并能够将风险进行分类，只有这样才能够起到分散风险的作用。对于投资理财，很多人简单地以为，就是把鸡蛋放到不同的"篮子"里去了。其实，这种无谓的分散、四处胡乱投资，很容易出现由于篮子太多而监控不到位，或者出现风险了也无法及时发现的情况；而且处于分散的需要，迫使你不断把资金投向比较不熟悉的领域，有可能导致面临的风险更大。

自资产组合理论诞生以来，分散投资、构建投资组合被认为是分散风险的有效手段，得到了投资者的极力推崇和广泛应用。"不要把鸡蛋放在一个篮子里"也成为许多人所推崇的一句投资箴言。但是,当我们在实际的理财过程中去选择篮子放鸡蛋的时候,又会遭遇到什么状况呢?把鸡蛋放在定期存款里,因为通胀,遭遇负利率;把鸡蛋挪到A股市场,大盘指数狂挫,股民站在高岗上哭泣而无法解套,有的甚至血本无归;把鸡蛋投向房地产,房价跌跌不休;把鸡蛋转向代理理财,没想到它跌破面值了;有的人把鸡蛋曲线投向美国市场,次贷危机爆发了……这不得不让人感慨:一个好的不会破的篮子实在是太难找了!

很多投资者发现:我们缺少的不是鸡蛋,而是适合自己的篮子。那么,面对复杂多变的市场形势,如何才能找到适合你的那只篮子呢?因为在投资理财时,自己的盲点是自己无法发现的,所以找出盲点和适合的篮子就需要专家的指导了。

投资者最为稳妥的做法是认真研究几个靠谱的平台或投资项目,选出满足自己风险承受能力和收益要求的项目作为篮子,这样我们有限的精力才能得到充分的运用。

首先要认真选择篮子,不要盲目或想当然去选,要严格、仔细地去挑。挑一个能结实的、能承受所有鸡蛋的篮子,把鸡蛋安全地放进去。因为选的是一个篮子,你可以有更多的时间、精力去做好这项工作,从而保证挑选出的篮子一定是最好的,最安全的,而不是连自己都吃不准的。要是觉得没有符合要求的篮子就把鸡蛋放地上,不要勉强自己。

这几年随着人们理财意识的提高,人们对于投资知识的需求也越来越旺盛。然而,很多人往往是知其然而不知其所以然,对于很多理念、知识、技巧的理解停留在表面,这种片面的理解也会带来很大的负面作用。举个例子来说,很多投资者对于"鸡蛋"和"篮子"这两个概念本身的理解都是有偏差的。一些人的做法是分别买了几只不同的股票,看上去也实现了不同"篮子"的配置,可是从根本上说,大部分资产完全集中在单一市场的单一产品上，所承受的系统性风险是完全一样的，因此，并不能从根本上起到分散风险的作用，也就丧失了资产配置的功能。有的人则把资产分进了众多的"篮子"里，这个买一点，那个买一点，风险的确被分散了，但由于缺乏因市场变动而变动的部署和配置，投资组合的整体收益率也受到了影响，其实这也并没有达成资产配置的真正目的。

所以，我们会渐渐明白这样一个事实：世上其实并没有所谓"不会破的篮子"，只有"最适合自己的篮子"。1993年，巴菲特在致股东的信中描述道："如果你是学有专长的投资人，能够了解产业经济的话，应该能够找出5到10家股价合理并享有长期竞争优势的公司，这时一般分散风险的理论对你来说就一点意义也没有，要是那样做反而会伤害到你的投资成果并增加你的风险，我实在不了解那些投资人为什么要把钱摆在他排名第20的股票上，而不是把钱集中在排名最前面、最熟悉、最了解，同时风险最小而获利可能最大的投资上。"商品投资大师罗杰斯也曾经做过这样的阐述："应当将所有鸡蛋放在一个篮子里，小心看管好，但是你要确定篮子是正确的篮子。如果你分散投资的话，将永远不可能富起来，变富的唯一途径就是买进正确的资产并等待它上涨，并最大可能地降低损失。你了解这个行业，观察它的变化，知道它将如何发展，然后你再调查公司，那么你将了解这家公司，你就会知道什么时候买入、什么时候卖出，其他人不如你了解得多，这样才会赚钱。"

所以，无论是提倡"别把鸡蛋放在一个篮子里"，还是"把鸡蛋都放在一个篮子里"，最关键的还是要看自己有多少鸡蛋，然后选择一个合适的篮子才行。

## 2. 顺势而动，逆向布局

顺势而为还是逆向思维，是投资理财中的一道难题。所谓"不与趋势相抗衡"的顺势策略，关键是应该顺应经济基本面、政策调控方向等，在确认大趋势形成后跟随，并非顺短期涨跌的小波澜就扰乱了投资的整体节拍。而逆向思维需要克服从众心理，市场表象绝不能成为投资的风向标。顺势而为和逆向思维其实并不冲突，应该根据市场当时的属性来制定策略。在明白了顺势而动的基础上，才能做到逆向布局。

任何一个项目的策划，都需要我们着眼于全局去规划，投资理财也是如此。只有从整体上把握我们的理财计划，才能综合各方面的具体情况，从而为自己做出正确的选择，最大限度地避免损失，获取巨额财富。

对于投资理财事业，大家一致公认没有所谓唯一正确的道路。投资流派林林总总，项目和产品层出不穷，成长投资、价值投资、逆向投资、趋势投资等都有各自杰出的代表，还是那句老话"条条大路通罗马"。这一点就不用再去强调了。但是，我认为在投资理财的过程中，还有一点对驾驭投资也是至为关键的，那就是投资理财的全局观念。所谓全局观念，就是对经济和市场有清晰而符合逻辑的判断和信心，而不是对经济和市场走势进行占卜式的预测。大局观，就像大海中的灯塔，让我们克服恐惧，心生希望，照耀、指引我们在波涛汹涌的投资海洋中前行，努力到达成功的彼岸。

拥有大局观，懂得布局的人，国内代表人物高瓴资本的张磊就很典型。张磊在京东还没有多大名气的时候就说最看好京东，而且是京东前三大股东之一，在投资京东这件事上充分展示了张磊的投资艺术，那就是格局和眼光。

刘强东找到张磊时只想要7000万美元，张磊答道："你如果只要7000万，我就不投了，要投就投3个亿。"他认定京东的商业模式"本身就是需要烧钱的生意"，不烧20亿美元无法形成核心竞争力。而高瓴资本的风格恰恰是"少次多量"，重金投少数几家企业，靠长期收益盈利。他认为刘强东"很真实"。他说："他们都说要做轻资产模式、做互联网品牌，因为VC喜欢这一套，我心想你做轻资产怎么可能做过阿里巴巴呢？马云是创业天才，更何况你比人家晚了10年，怎么跟人家玩儿？"刘强东直白地告诉他：我就是要做自营电商、做供应链。"所以我们就投了。"张磊说。他看重的第二点是坚持。"京东其他的投资人跟我们本质一样，都不会因为今天资本市场波动、明天媒体唱衰就很紧张。我可以告诉大家，前几大投资人个个都在追加投资，我们真的相信这个事儿在改变中国。"他说，"我有朋友问过亚马逊创始人贝索斯最遗憾的是什么，他最遗憾的是亚马逊成立的时候UPS已经很大了，他没有机会重新整合供应链。京东没有UPS，一整套都得靠自己做，我们就愿意出钱帮他们做这件事儿。""这种电商生意，有100万种方法可以死得很惨。我们就算赔掉3亿美元，在整个基金里不过占两三个点，对我来讲微不足道。我们要赌最值得相信的事情。"他说。他希望继续加深京东的护城河，宁可"全世界所有的消费者、供应商都说京东傻"，也不要为了盈利过早改变公司的战略和思路。

张磊的这种思维就是顺势而动、逆向布局最好的代表，他不走寻常路，能在别人看不到机会时抢先看到京东的发展前景。

在从事投资理财的过程中始终能够顾全大局，需要有从容的心态。在每一个领域，当然也包括投资领域，区分强者与弱者的标准很大程度上取决于，在危机关头是否能够保持清醒的头脑、冷静分析、从容应对。一方面，面对起伏不定的市场，保持从容实属不易，需要性格稳定而坚毅。当然，这与我们的环境及认识相关。另一方面，我们也可以为自己创造从容的条件。

我们知道，在投资中，巴菲特也有过挫折与失败，但他都可以从容地面对。他为什么能如此呢？因为巴菲特一生过的是普通人的生活。他的生活方式不依赖于巨额财富的支持，由此不会因为财富波动而受到严重的心理干扰，这样他就能心平气和地面对挫折与失败，从而有利于做出正确的选择。

目前对于投资人来说，投资工具可以说是十分多样化，最普遍的不外乎银行存款、股票、房地产、期货、债券、黄金、共同基金、外币存款、海外不动产、国外证券等。不仅种类繁多，名目亦分得很细，每种投资渠道下还有不同的操作方式，若不具备长期投资经验或非专业人士，一般人还真难以把握。

通常来说，顺势而为就是投资要配合大经济环境和时局变化，经济不景气、通货膨胀明显时，投资专家莫不鼓励投资人增加变现性较高且安全性也不错的投资比例，也就是投资策略宜修正为保守路线，维持固定而安全的投资获利，"静观其变，忍而后动"。景气回苏，投资环境活络时，则可适时提高获利性佳的投资比例，也就是冒一点风险以期获得高报酬率的投资。了解投资工具的特性及运用手法时，搭配投资组合才是降低风险的"保全"做法。从心态上来讲，需要有一个全局化的理财心态，要明白理财是贯通每个人一生的基本行为。

一个能够顺势而动、逆向布局的人，往往在投资领域属于特立独行之人，这样的人一定具有前瞻的眼光，也会心存大格局。在投资这件事上努力提高自己，让自己眼光更高一点，格局更大一点。不同年龄段不同资本层级所追求的投资目标各不相同，但投资的目的和方向皆是为了自我实现，以及自我超越并获得幸福的人生，然后升华到更高、更自由的境界去为社会做更多有益的事，这也基本上是每个做价值投资的人的终极梦想——成为一个有格局观的人，做好一生的投资。

## 3. 克服人性的恐惧与贪婪

有句话说，经济学理论都是建立在一个假设的基础上——人是贪婪的。如果这个假设不成立，每个人都能完美地控制自己的情绪，整个经济学体系都是无效的。怎样对抗人性的恐惧和贪婪，是投资永恒不变的话题……尤其体现在股市波动的时候。

因为人性是不变的。江山易改，本性难移。特别是金融投机市场里最容易激发出人性的贪婪和恐惧，从根本上决定了价格波动的趋势一定会存在。牛市的价格上涨，推升了人们对于价格继续上涨的预期，激发了人们的贪婪，于是更多的人跟进买入，导致价格进一步上涨，这又进一步坚定了大家对于价格继续上涨预期的判断。同时狂热的情绪和有利于牛市的信息开始大量传导和扩散，最终引发价格更加剧烈地上涨。熊市同理，只不过起作用的是恐惧罢了。无论是股市还是房市，甚至是一般的互联网 P2P 平台，涉及投资理财就绕不过人性。

投资过程中最难的是，能否抵御人性的冲动，克服人性的贪婪与恐惧，在投资过程中真正实现"在别人贪婪时恐惧，在别人恐惧时贪婪"。这才是真正的智慧，是最终取得投资成功的保障。

我们先来说恐惧。就投资而言，恐惧是人对自身财产受到无法抗拒的、侵害时的一种本能心理反应。人在这种情况下会产生一种本能的自我保护和抗拒意识。所以我们在亏损时总会为自己的错误找借口，而不是勇敢地止损。我们恐惧亏钱，所以自我保护意识阻止我们止损。我们恐惧到手的盈利减少或者转变为亏损，所以又是自我保护意识指使我们赚点小钱就平仓、就赎回，我们经常性地亏大赢小。

再来说贪婪。贪婪是人为改变当前物质和精神条件的一种过度追求，它在投资市场的极端表现是投资者总想一夜暴富。被这种心态控制的投资者在入场时会孤注一掷，他们觉得机不可失，时不再来，害怕错过赚钱的机会，于是频繁操作。他们平时智商可能高达130，但这时大概只有65。

美国期货界大师萨卜博士认为，影响投资者的心理并且最终导致他们有所斩获或者损失惨重的，不仅包括恐惧与贪婪，还包括希望。恐惧使人失去机会，贪婪使人陷入险境而不自知，希望使人理智泯灭。其实无非是将贪婪细分为贪婪与希望两个级别。所谓希望，就是想当然，就是人们期待某种事物能按自己的意志在将来出现的心理活动。满脑子希望的人总是放大与自己希望相符的信息，同时经常缩小以至忽略市场的反向状况。在投资心理学中，第一宗罪就是过度自信，即使是强势如索罗斯，也不能指望价格始终按其希望运动，它只走自己的路。

人性中的贪婪和恐惧时刻影响着我们，很多时候，我们明明知道自己应该做什么事，但这些心理却常常指使我们做不应该做的事。江山易改，本性难移，要完全克服这些人性的弱点是很困难的，也是需要长期坚持的。一般来说，市场上的失败者所共同拥有的行为和心理现象，就是伴随时刻高度的压迫感所形成的内在人格冲突，也就是恐惧与贪婪的冲突。回首我自己走过的历程，我发现，炒股、炒汇、炒期货、炒基金，都是要炒掉人性的弱点，在不断成功的同时，不知不觉中也把自己的人生境界炒到一个新的高度。

当然，这需要时间，甚至需要真金白银地去实战，指望大家在短时间内达到这样的高度是不现实的。在无法完全掌握自己的情况下，我们只需明白，保守总好过狂放。可以多质问自己：难道我在这个价位入场一点儿错误也没有吗？如果有，我不妨再观望一番，至少也要做到轻仓。在赢利的时候，也不妨问问自己：同样是这个位置，我愿意在这个价位建仓吗？如果不，那我应该离场了……或者经常翻看一下之前的亏损交易记录，血的教训会比较容易让人头脑清醒。

交易者要想成功，最为重要的是要战胜自我，即战胜人性中最基本的两大缺陷：恐惧与贪婪。投资其实是一个心灵升华的过程，是一场以自己为敌的内外互搏，是人类不断超越自我、克服人性缺点的过程。很多情况下，心理因素往往对投资结果起着决定性的作用，其重要性甚至超过知识和经验的合力。以股市为例，任何股票的价格行情的变动都是波浪式发展的，不少交易者对行情的判断并没有多大差错，但由于入市的时机选择不对，在恐惧情绪中，往往在黎明前的黑暗里斩仓；还有许多交易者，看对了行情，选对了时机，但却由于贪婪心切，不断加码，重仓出击，往往在市场正常的回调当中一败涂地。

所以，在投资的路上，一定要找一个能替你把握市场、控制风险、分忧解难的人。市场的三大要素是：资金、技术、心态。把它们分开管理，可以使我们不会在这个市场中迷失方向，而是站在一个公正的立场去看待行情，把握盈利，控制亏损。希望你能在投资的路上少走弯路。

## 4. 景气循环下的投资技巧

什么是景气循环呢？景气循环是经济学术语，指的是经济景气状况呈周期性循环变动的情况。景气循环过程可以分为扩张和衰退两阶段，细分又可再分为复苏期、繁荣期、衰退期、萧条期四阶段。

第一阶段是经济复苏阶段。其表现是放松性政策发挥效力、经济加速增长、通货膨胀继续回落。

第二阶段是经济繁荣阶段。这时候生产增长减缓，生产能力接近极限，各项基础建设都大幅增长，通货膨胀上升。央行通常会提高利率。

第三阶段是经济衰退阶段。重要表现是GDP增长乏力、通货膨胀走低，中央银行采取削减利率措施刺激经济回升。

第四阶段是经济萧条阶段。这一阶段的表现是GDP增长降低到长期增长趋势以下，但是通货膨胀继续上升。企业利润表现不佳，是此一时期的特色。

因此，依据经济增长和通货膨胀两个指标，投资人可以很快地找到目前处于景气循环的哪一个阶段，据以做好相对应的资产配置投资决策。

衰退期和萧条期的区别如华尔街的一则老笑话所言：衰退就是你的邻居失去工作的时候，而萧条就是你自己失去工作的时候。经济衰退的标准定义是，一年有连续两个季度的经济出现负增长，即国内GDP连续两个或两个以上的季度出现下滑，这是经济放缓的时期。在这个阶段里，国民生产总值增长率递减。经济活动放缓，对劳工的需求减少，劳工不容易找到工作，于是失业率开始上升。随着失业率的上升，厂商和家庭都被迫削减开支，物品和劳务的价格会因需求减少而下跌，这有助舒缓通货膨胀的压力，通胀率得以下降。

景气循环对我们的影响绝不仅仅是失业或者就业那么简单，如果你不拒绝投资的话。当一国经济进入复苏期后，正常情况下，利率会随之上扬。这是因为在经济走强的情况下，每个人都对未来感到乐观，因此越来越多的人想借钱，越来越多的企业想融资，资金需求随之增加，利率自然水涨船高。另外，在经济扩张期，企业活动的增加往往会影响物价上涨并导致通胀压力升高，而通胀压力增加会促使央行推高利率。在这种情况下，除了利用储蓄、货币定投等投资工具尽量享受高利率带来的投资回报外，最可观的投资方式就是股票。经济复苏必然带动股市的复苏，如能提前布局，再配合定投，抓一个长期的大牛市，那么等下一轮衰退到来时，你的资金已经非常可观了。

我们一生至少会遇到1~20次的景气循环，如何让景气循环帮助我们更轻松地扩大财富？这是你我都要学习的一堂课，纵使股神巴菲特也不例外。

但是，要一般人学会数十种跟景气相关的指标，就像是学开飞机得看懂驾驶仪表板上密密麻麻的灯号，实在太难了。其实在我们日常生活里，有许多简易指标，股市也有不少讯号，都可以帮助我们掌握大致的景气方向。比如，股市里流行的"擦鞋童理论"，当擦鞋的孩子、看自行车的大妈都在谈论股市的时候，股市基本涨到了顶点。日常生活中也能观察经济景气好不好。比如，看女性的消费力最清楚。广为人知的口红与裙长理论，就是指景气好时，女性会大肆采买服饰与高档保养品；不景气时，女性消费力减退，只好转买口红，让自己的气色好看一点。短裙象征炫耀，长裙象征低调，女生的裙子长，代表经济衰退。因为不景气时，女生不敢太招摇，减少穿短裙、露美腿的机会。但是，女生的发型刚好相反，剪短发是不景气的讯号，推测是短发利落、好照顾，女性倾向将精力与预算拿来拼经济较实在。

而男性内裤是必需品，一般来说销路很稳定，但不景气时，男性会将购买新内裤的时间延长，使内裤销路大跌。此外，也有统计发现，景气不好时，男性会舍弃乏味的内裤，改为选择鲜艳颜色的内裤，变点新花样，让自己心情好一点。

所以，真正的投资者就是一个生活的观察家，他能够从日常生活中嗅到经济运行的规律，在景气循环中抓住投资时机。

投资，景气的方向性比什么都重要！景气也有周期，就像春、夏、秋、冬四季一样，会循环更替，"景气循环投资法"以经济学角度的景气循环见解为基础，掌握市场的讯息，观察景气变化，可以在所有人都还没有察觉之前便能够掌握景气的转换，随时站在景气起伏的浪头上。

在低增长、低通胀的经济衰退阶段，债券是最好的资产选择核心内容，建议持有部分相对稳健的债券，并且逆向操作，逐步加大股票类资产的比例，以抢得下一个经济复苏的投资先机；而在高增长、低通胀的经济复苏阶段，股票是最好的资产选择，可以先选择早周期的行业股票来投资，再逐步转移资金到晚周期的相关行业股票；在高增长、高通胀的经济过热阶段，商品是最佳的资产选择，建议选择能源、原物料及黄金等相关类股来进行投资，并逐步提高债券资产的比例，为下一个阶段预先做准备；最后，在低增长、高通胀的滞胀阶段，股票市场的表现将不如人意，因此，应以较低的股票仓位配置度过投资的寒冬才是上策。

## 5. 放长线才能钓大鱼

跑过马拉松的人都知道，越是能坚持到最后的，越能胜出。起跑不能决定成败，长久的耐心和毅力才是制胜的关键。

在投资道路上，不管你是新手还是老手，你都需要有自己的原则！一次投资就是一次经历，把握住你的每次成长，俗话说"吾日三省吾身"，只有学会总结，培养自己的原则，不让自己迷失在投资的道路上，你才能走得更远。在投资形式的理财道路上，要学会放长线钓大鱼！

成功的投资人与其说是精于计算和选择，不如说是他们更懂得放弃和坚持；与其说是能耳听六路眼观八方，不如说是始终心无旁骛地保持专注；与其说是天赋异禀、见识超常，不如说是更能深刻看到自身的局限性，清楚地知道市场中的可为与不可为。所谓的投资大神，不是他们获得了神秘的天启，只不过是忠诚于时间和价值并永远践行罢了。

在选择投资理财的时候，首先要判断项目或者理财产品有没有广阔的市场空间以及持续的生命力。如果我们在投资理财的时候只看重眼前利益，那么就如同"一叶障目"，只把眼前的一点小利益无限放大了，而不知道抬起头去看到更长远的利益，殊不知，眼前的这一点小利也许发展到最后反而会给你带来更大的损失。尤其是在我们对于投资理财没有深刻的理解和丰富的经验之前，只重眼前、忽略长远，等于从起点上就没有成功，那么最终的结局必定是失败。

投资理财是一个放长线的事情，要是你自己没有足够的耐心，那么在做投资理财的时候也干不成什么大事。也就是说，在投资理财的时候你不能够太心急了，太心急你是得不到什么回报的，甚至煎熬的是你自己。

在投资这个领域，"带着镣铐起舞"有可能不是限制反而是保护机制。最典型的比如老巴说的"一辈子只打二十个孔"，又如最常见的定投指数基金。看起来这些行为被高度地限制了，但时间放长后会发现"镣铐"居然变成了金手镯。这其实也是绝大多数人的"自由行动"总跑不过自己的虚拟盘的原因。

我们每一个人，在开始规划自己的投资理财生涯并且付诸于行动的时候，就一定要做好足够的思想准备。长期投资虽然有着好的投资回报预期，但是同样要承受长期投资的压力，那么，我们应该如何去面对长期投资的压力呢？作为投资理财而言，不论何种方式，都要承受压力。不过，不同于短期投资，长期的投资压力是所有投资中最大的，但也是最轻的。为什么这样说呢，我们不妨做一个这样的分析。

对于长期投资来说，它的资金模式属于累计累进的方式，这个非常类似基金定向投资，但是实质不一样，相当于把投资资金分散化，同时这种资金模式会把资金的压力也分散化。从投资收益来说，我们认为长期投资的实际收益来源于两个大的方面：其一，是企业的稳健发展，业绩不断提高，市盈率不断降低，在合适的时机出现牛市的时候，股票价格可能出现明显的市场溢价和高估；其二，是可能的定时分红和企业融资。对于长期发展非常看好的企业，再融资是非常有利于长期投资者的。长期投资的实质是赚取更多的股票。如果通过再融资可以不断地增加持股数量，是一件最省心的好事情。

长期投资的压力也体现在投资者的心理压力方面。短期投资的心理压力是短期的，以股市为例，当我们卖出股票的时候，压力暂时解除了，当我们再次买进股票的时候，压力又开始了。但是长期投资不行，我们是一直持有股票，一直承受压力，这期间不会有心理缓冲期。所有想要进行长期投资的人必须做好思想准备。这样的投资压力是长期的，需要长期适应这样的压力。

我们同时也应该明白，长期投资贵在坚持，做好应对长期投资过程中压力的准备，这是长期投资取得收益的必备条件之一。总地来说，长期投资的压力首先体现在资金上，其次体现在心理上，也体现在投资者在投资过程中的取舍心态上。资金上的压力其实可以通过长期投资去分散，因此对于长期投资者来说，最重要的就是心态，是长期承受投资压力的强大内心。良好的心理素质也是投资理财取得成功所必需的，我们要想在长期的投资理财中增加自己的财富，就必须首先增加自己的心理承受能力。

选择放长线钓大鱼的投资模式，从短期看可能少了一份激情，但增多的是踏实。做投资不能当墙头草，风往哪边吹，就往哪边倒，相反，那些坚持价值成长的长线投资者，凭着自己非凡的耐心和坚强的意志力，在每一轮投资中都不断刷新自己人生财富的高度！

## 6. 以小博大和以大博小

投资所追求的最高境界好比做生意，通过投入小成本，博取大收益。当然，要想获得这样的觉悟或是能力，需要在实际的投资实践中经历一番痛苦求索之后才能体会到。俗语说"见山是山，见山不是山，见山又是山"，大概就是这种感觉。

以小博大可以说是投资者梦寐以求的投资境界，无数投资人曾为了这个终极目标而奋斗终生。但是对于财富的流动和积累而言，真正能够做到以小博大的，也只有那些真正掌握财富本质的投资高手才能做到。那么，这样的投资高手都有着怎样的特点呢？

（1）对投资游戏有着极度的着迷，并且有着极强的获胜欲望。他们不仅仅只是享受投资的乐趣，甚至可以说，投资就是他们的生命。每天清晨，当他们醒来的时候，即使大脑还处在迷迷糊糊的状态，他们所想到的第一件事情依然是他们的股票和投资；或者是他们考虑要卖掉的基金，或者是他们的投资组合将面临的最大风险是什么以及如何规避它。他们甚至会忽略很多日常生活中的细节，他们虽然也热爱生活但是却无暇顾及，投资对于他们来说已经成为了一种爱好。他们的头脑始终在盘算着投资，梦想着如何让财富增值。

（2）具备超强的预见性。在当今的市场上，信息繁杂，获取的方式也越来越容易，对于投资者来说，反倒是面临着更多的挑战。就像现在面临的大量中国故事：去产能、去存量、经济换挡、老龄化、供给侧结构性改革……重要的是他们可以看到这些东西背后的原因和未来长期的趋势，保持战略上的定力。

（3）在投资的过程中善于总结经验。这点对于普通人来说虽然简单，但是却并不容易做到，让伟大投资者脱颖而出的正是这种从自己过去的错误中学习以避免重犯的强烈渴望。大多数人都会忽略自己曾做过的愚蠢决定，继续向前冲，然而他们忽略的往往是对于投资者来说最重要的东西——总结经验教训。如果你忽略往日的投资失误而不是全面地分析它，毫无疑问你在将来的投资生涯中还会犯类似的错。事实上，很多失误即便你确实去分析了，也并不是每一个人都能够做到吸取教训，所以做到总结教训、分析失败原因，是最基础的投资要求。

（4）对于风险所具有的敏锐嗅觉。

（5）对于自己的想法怀有绝对的信心，即使是在面对批评的时候。

（6）还要有创造性地去看待市场和分析市场的能力。

能够做到以上这些投资特点,在投资上亏钱的几率就会大大降低。永远不亏大钱不应仅仅表现在对于每次行情的坚决执行上,还应贯彻在操作的整体思路中。比如,制定整体的盈利计划时,所冒的总体风险应该是资金总额的一小部分,假如把它限定在20%,这才能体现什么是"以小博大"。那么就应该考虑怎样合理、充分地利用这20%的可消耗"弹药"去赢取胜利。如果坚决地执行了不亏大钱的原则,就做到了以小博大的一半,即"以小"。如果做不到,那么"以小博大"就无从谈起了。就像战争一样,首先保护好自己才能有效地消灭敌人。保护好自己不是不做牺牲,而是把牺牲降到最小,或者说把胜利与代价之比扩展到最大。如果你确实能按预先的计划执行,把每次的损失控制在最小。就做到了以小博大的全部。

我们再来看看什么是"以大博小"。

其实在现实中的生意场上,从来都是以大搏小,就是每个商家都知道的"薄利多销",所有的商品,一支雪糕、一件衣服、一台电脑、一辆汽车,商家的利润有多少呢?平均也就10%~20%的利润,超过50%,就算是暴利了,至于100%以上的利润,只有在行业发展初期可能存在,如马云、张朝阳等互联网行业的创业者,还有中国的房地产老板们,而且这种利润不可能长久保持,随着市场的发展和饱和,最终能保持行业平均利润就不错了,至于几倍以上的利润如果想成为常态,那么恐怕只有去贩卖毒品了。所以,在现实的商品交易过程中,"以大搏小"才是经营的真谛。这个道理基本上每个人都懂,接下来就是能不能坚持的问题了,所以我们看到,诚实守信、薄利多销的经营者经过多年的努力经营基本都可以获得一定的成功,积累相当的财富,过上幸福的生活。那么,对于投资来说,为什么炒股、炒基金、炒期货、炒外汇等从来都是赔钱的占多数,赚钱的很少呢?首先可以排除的就是并不是他们不努力,应该说但凡想要投资的人都算是最勤劳的人群之一了,我相信这点大家都同意,那么,接下来恐怕就是方法的问题了！不错，不仅是方法的问题，还有方向的问题。在错误的方向上奔跑，停止就是前进。其实，股票也好，期货也好，说到底就是一门生意。股票的本质是买入了一家企业的股权，期货的本质是可以远期交割的商品，说白了你只要以更高的价钱卖出去就赚钱了。股神巴菲特不过就是每年平均29%的利润，他成了世界首富，因为他做的是股票的生意，却从来都不炒股。如果你是一个生意人，你会一次把本钱全部变成存货吗？不会！你会进一次货就收回成本吗？不会！任何买卖都有一个成本回收期，2~3年就算很快的了，既然这样，为什么炒股你就非想着一年翻几番呢？真正投资赚钱的，都是在以大搏小，都是将股票、基金或者外汇当成一门生意来做，如果你把这门生意做到每年30%以上的利润，都超过老巴了，还不满足吗？每年能做到10%~20%的收益，就已经达到各种行业的平均利润了，别忘了他们可是起早贪黑辛劳无比的啊！所以想赚大钱，要么你有大本钱，要么经历一个长的投资周期，想要暴富的可能性基本没有。这是天道，不以人的意志为转移！这也是投资理财里说的"以大搏小"。

当我们明白了什么是真正的以小搏大和以大搏小后，才能在投资领域游刃有余。

# 第四章
# 不可不知的投资学原理

中篇

投资理财能力篇
——投资理财靠脑子，不靠运气

## 1. 复利法则——时间是实实在在的金钱

复利有时被人称为世界第八大奇观，因为它揭示了财富快速增长的秘密。复利的力量怎样比拟都不过分。印度有一个古老的故事：国王与象棋国手下棋输了，国手要求在第一个棋格中放上一粒麦子，第二格放上两粒，第三格放上四粒，即按复利增长的方式放满整个棋格。国王原以为顶多用一袋麦子就可以打发这个棋手，而结果却发现，即使把全世界生产的麦子都拿来也不足以支付。只有神奇的复利才能带来如此戏剧性的结果。

现实中读书的人，很少说读1本书、30本书、50本书，就能看懂世界。但300本、500本看完后，三观可能就开始连成一片，将古往今来的奇思妙想连成自己的知识、行动图景。在另外一条路上，有些人通过持续的、不停歇的实践活动，复利提升自己的能力。与这些暗中符合的就是一万个小时定律。所以，对于复利来说，时间是实实在在的财富和回报。

曾经有学员问我：究竟什么是复利呢？复利就是复合利息，它是指每年的收益还可以产生收益，就是俗称的利滚利。利息，是指一定资金在一定时期内的收益。所以，借款人借入资金，使用一定时间后，需支付放款人报酬，此报酬称为利息。所借入的资金，称为本金；使用本金的一定时间，称为时期；在单位时期（如年、季、月等）内单位本金（如每千元或每百元）所赚的利息，称为利率。利率常以百分率（%）或千分率（‰）表示。计算利息有三个基本要素：本金、利率和时期。利息的多少与这三个要素成正比关系：本金数量越大，利率越高；存放期越长，则利息越多；反之，利息就越少。

计算利息有两种方法：单利与复利。

单利：单利的计算仅在原有本金上计算利息，对本金所产生的利息不再计算利息。其公式为：利息＝本金 × 利率 × 时期。

复利：复利的计算是对本金及其产生的利息一并计算，也就是利上有利。复利计算的特点是把上期末的本利和作为下一期的本金，在计算时每一期本金的数额是不同的。

当一笔存款或者投资获得回报之后，再连本带利进行新一轮投资，这样不断循环，就是追求复利。同复利相对应的是单利，单利只根据本金算利，没有利滚利的过程，但这两种方式所带来的利益差别一般人却很容易忽略。

假如投入1万元，每一年收益率能达到20%，50年后复利所得超过9100万元。可是，若是单利，20%的收益率，50年的时间，却只能带来区区10万元。这就是复利和单利的巨大差距。

由此就能看出时间在复利当中的重要性。所以，财富的积累不只是金钱的功能，更是时间的问题。理财就是不用太多的钱，但是要加上很多很多的时间。

理财，还能带来复利的喜悦。单靠工作与劳动，你是永远无法获得复利的。你的老板是不可能因为你付出的劳动就恩赐复利的。唯有理财，才能为你的财富带来复利。在过去，钱生钱的生意，被叫作"驴打滚"。如果你能够让你的本金实现5%的复利——这是一个多么微不足道的收益啊——但是，就是按这个收益率，用不到12年，你的本金就可以实现翻番。计算的公式都非常简单，但是，又有谁愿意按照这个公式去理财呢？作为曾经的基金经理，我要在本文的最后告诉你一个关于理财的小秘密，其实就是复利的秘密：请你拿起你身旁最薄最薄的一张纸，对折，对折，再对折……好了，你最多能对折8次。如果可以，你继续下去，对折50次后，你手上的那张纸有多厚？你是不可能通过这看似简单的对折游戏知道的——因为你手中那张纸在对折 50 次后，它的厚度有地球的直径那么长！而这，体现的正是复利的威力。

想要利用复利效应赚钱，就要求我们能够适时止盈，然后又合理地将盈利加入到本金当中，进行"再投资"，这样才能产生"利滚利"的效果。这需要我们有一个持续、稳定的投资获利方式。如果我们将投资分成一段一段的历程，第一段历程中赚 10%、第二段历程中亏损 50%……如此反复的投资过程最终可能获利吗？择股、择时等错误，或带来不稳定的投资收益，将无法达成我们需要的复利效应。

所以，作为投资理财的人，一旦你开始投资，时间也就成为了你最大的盟友。当然复利也有可能会是亏损的，没有谁能保证自己的投资一直会赢利。所以正像有人说的那样"既要理解复利的重要性，也要理解复利的艰难"。想要一直"复利下去"，就一定要懂得复利的三要素：投入资金的数额、实现的收益率情况、投资时间的长短。

比如说，只要绝大部分年度"整体"收益率都不错的话，那么个别年度的亏损应该问题不大；如果不出现重大亏损，小幅亏损或是微利的话，其他年度适度赢利，长期收益率应该还是不错的。这些想法都是不正确的。重大亏损造成的"负复利"对长期投资的损害是相当大的。所以，初次投资者绝对要把风险意识放在首位，"不要亏钱"才是投资的第一原则。

年轻人因为刚刚开始工作，再加上对于复利也不是很了解，投资时可能会选那些收益比较大的项目。但是收益大，风险必然也会很大，稍不留意就可能会血本无归。所以，作为一个初入社会的投资者，一定要以"不要亏损"为第一原则，并一定要坚持长期投资。唯有如此，复利才能发挥它最大的作用，从而为你带来效益。先得让自己有一个很小的雪球，才能让雪球持续滚动起来。

## 2. 杠杆原理——用别人的杠杆撬自己的收益

杠杆原理，亦称"杠杆平衡条件"。在"重心"理论的基础上，阿基米德发现了杠杆原理，即"两重物平衡时，它们离支点的距离与重量成反比"。阿基米德对杠杆的研究不仅仅停留在理论方面，而且据此原理还进行了一系列的发明创造。据说，他曾经借助杠杆和滑轮组，使停放在沙滩上的桅船顺利下水；在保卫叙拉古的战斗中，阿基米德制造的投石器就是杠杆原理的直接应用，曾把罗马人阻于叙拉古城外达3年之久。

在投资中，杠杆原理也得到充分应用。比如，你计划投资1000元做服装生意，进货买入1000元的衣服可以卖出1600元，自己赚了600元，这就是自己的钱赚的钱，就是那1000元本钱带来的利润。这是没有杠杆作用的。

假如你对服装生意很有信心，于是决定从银行贷款10万元，使用3个月，假定利息刚好是1000元。在此操作过程中，就等于你用1000元的本钱买了银行10万元三个月的使用权，用这些资金购买价值10万元的服装，售出后得16万元，得到利润6万元。这就是一个杠杆应用的简单例子，即用1000元撬动了10万元的资金，用10万元的资金赚取了6万元的利润。

从上面的例子中，我们不难发现其用了100倍的杠杆。这在金融投资中非常常见，如做外汇保证金交易，其杠杆多为10倍、50倍、100倍、200倍、400倍等几个级别。如果用400倍的杠杆，就意味着你把手上的1万当作400万用，这是非常厉害的了。

还有时下最为热门的房地产市场，除了全款购房外，基本贷款购房都属于使用了杠杆原理。如，你购买一套价值100万元的房子，首付20%，即你用20万的资金撬动了价值100万元的房产，这里就是5倍的杠杆。如果未来房价增值10%，你的投资回报就是50%。面对如此巨额的回报率，是不是很心动？

借钱投资用杠杆原理将自己有限的资本放大，不但使自己的钱努力为自己赚钱，而且用人家的钱来为自己赚钱。

某君2000年在北京花了100万元买了一套房子。三年后这套房子升值至200万元。某君100万元资本三年的投资回报率是100%（不算租金收入）。假如他换一种方式投资。同样100万元资本，买三个房子，贷款200万元。三年后出售三个房子得600万元，去掉100万元本金，30万元银行利息（按5%银行利息算），200万元贷款，利润270万元。这种方式投资100万元资金三年的投资回报率是：270/100=270%。是不借钱投资的2.7倍。

会借力使力的物理学家发明了滑轮，人就可以用以前一半的力气提起同样的重物；会借钱生钱的人，距离财富也会更近些。会用杠杆原理的投资人，就等于用别人的钱撬动自己的收益，而且收益还会翻N番。

拿借贷的钱去赚钱，从投资理财的角度去看，如果你的资产回报率高于你的融资成本的话，你就尽可能地去借贷吧，利用杠杆挣钱。借贷的钱有助于你的自有资金发挥四两拨千斤的效果，大大提升你的自有资金回报率，获得远超市场平均收益率的回报。

虽然说，借钱投资是增加你的资产持有的最快、最有效的办法。但还是要注意它的双面性，借贷既能放大你的收益，也能放大你的赔钱损失。

要知道，借贷是有成本的，所以你必须在决定借贷前仔细分析计算，确认投资产生的效益必须大于贷款的开销，否则就是不良借贷。一般而言，需要关注两个指标：一是家庭的资产负债比率，即家庭债务与家庭资产之比；二是每月还贷比，即每月还贷额与家庭月收入之比。两个指标在50%

以下是安全的,保守一些,则控制在 30% 左右。

所以在做这一事情以前,你要三思,做好你的准备,积累你的知识经验,确认你投入的项目能为你带来丰厚收益。

## 3. 二八定律——指望好运,不如指望勤奋

努力和收益也符合二八定律。投入二分努力就能对一件事掌握八成。要想掌握剩下的两成,就需要投入另外八分精力。这就是最省力法则,也叫不平衡原则。所以想要赢,就找找使两分力就能赢大部分菜鸟的游戏。比如 A 股市场。这是 80% 的人都只想着怎么赚钱,只通过股评和电视掌握 20% 的信息的地方。这样,你只需要使出 20% 的力气获得 80% 的可靠信息,就比一般的散户要强很多。在二八定律上,有个值得分享的商业故事:

日本的一位钻石商人运用"二八定律"在商业上取得了意想不到的成功。他分析认为,钻石主要是高收入阶层的专用消费品,普通大众很难消费得起。而一般的商业理念则是:消费者少,利润肯定不高。但让大多数人忽略掉的一个问题是,一般大众和高收入人数的比例约为 8∶2,但他们拥有的财富比例却是 2∶8。这个日本商人正是看中了这点,他决定拓展自己的钻石生意。

他来到东京的 S 百货公司,要求获得一个展位推销他的钻石,但经理认为在普通的百货公司销售昂贵的钻石根本就不靠谱,断然拒绝了他的请求。

但商人没有退缩,他跟经理谈到了"二八定律",谈到了自己计划的可行性。最终,经理被打动了,但他仍然只是准许商人在郊区的 M 店试运营

一段时间，M店远离闹市，顾客极少，但这位商人对此并不过分担忧。他坚信，钻石毕竟是高级的奢侈品，是少数有钱人的消费品，生意的着眼点首先得抓住那些握有大多数财富的少数人才行。

事实证明了商人眼光的独到之处，开张没多久他就在M店取得日销售6000万日元的销售额，这大大突破了一般人认为的500万日元的销量。当时正值圣诞节，商人为了吸引顾客，和纽约的珠宝行联络，发过来各式大小钻石，深受顾客的欢迎。接着，商人又开设了十几家连锁店经营钻石生意，生意异常火爆。

这个故事告诉我们，运用好二八定律，在投资理财行业更为关键。

如果将时间、精力、金钱和人事优先花在最有价值的20%上，优先的20%会给你带来80%的收益。这种排定优先和朝向明确目标迈进的能力，对领导者或投资者的成功是至关重要的。

股市中有80%的投资者只想着怎么赚钱，仅有20%的投资者考虑到赔钱时的应变策略。但结果是只有那20%投资者能长期盈利，而80%投资者却常常赔钱。

当80%的人看好后市时，股市已接近短期头部，当80%的人看空后市时，股市已接近短期底部。只有20%的人可以做到铲底逃顶，80%的人是在股价处于半山腰时买卖的。

一轮行情只有20%的个股能成为黑马，80%的个股会随大盘起伏。80%的投资者会和黑马失之交臂，仅20%的投资者与黑马有一面之缘，能够真正骑稳黑马的更是少之又少。但却有80%的投资利润来自于20%的投资个股，其余20%的投资利润来自于80%的投资个股。投资收益有80%来自于20%的交易，其余80%的交易只能带来20%的利润。所以，投资者需要用80%的资金和精力关注其中最关键的20%的投资个股和20%的交易。

股市中20%的机构和大户占有80%的主流资金，80%的散户占有20%资金，所以，投资者只有把握住主流资金的动向，才能稳定获利。成功的投资者用80%的时间学习研究，用20%的时间实际操作；失败的投资者用80%的时间实盘操作，用20%的时间后悔。

股价在80%的时间内是处于量变状态的，仅在20%的时间内是处于质变状态。成功的投资者用20%的时间参与股价质变的过程，用80%的时间休息；失败的投资者用80%的时间参与股价量变的过程，用20%的时间休息。

所以，明白了二八原则并能真正去利用二八原则，就能在投资理财的过程中不会天天想着天上掉陷饼的好事，而是靠勤奋和学习去钻研这套定律，做到用智慧去取胜。

## 4. 安全边际——少考虑赢利，多考虑亏损

"安全边际"就是以保守的态度评估企业内在价值，并将其与市场价格进行比较，从而判断出这一差距的大小。安全边际的重要性在格雷厄姆和巴菲特那里得到了极高的重视，并视为价值投资的根基。投资者不应只将注意力放在当期持有的投资是否被低估上，除此之外，还应包括分析为什么被低估。只有市场大幅下跌时，才有可能为价值投资者提供较多的机会，因为在恐慌性的下跌市场中，人们的注意力往往都放在了当前的困难上。投资者应该时刻牢记一条最重要的衡量标准：不是所取得的回报而是相对于承担风险所取得的回报！对于投资者而言，晚上睡个安稳觉比什么都重要！所以，这就提醒投资者，在投资的时候少一些贪婪的假设，不要把心

思一味放在如何赚钱上，而要把更多的心思放在如何防止亏损上。如果一个投资者，在投资一个项目或一项产品的时候，最先想到亏损，以及自己最高可承受的亏损资金再下注，那么，就会安全得多。

安全边际这个概念听起来很高深，其实很简单，就是寻找价格大大低于价值的质优价廉的便宜货。其实我们每个人在生活中都在使用这个方法。女孩子去摊位上买衣服时，为什么会大幅砍价呢？人们去市场买菜时，为什么会还价呢？当然我们想买得便宜一些，省点钱。同时呢，谁都知道，买的没有卖的精，万一估不准值多少钱，多还点价，一般不会怎么吃亏。

其实股市也是一个大商场，只不过里面的商品都是股票而已。安全边际原则，其含义就是像购买价廉物美的商品一样，用相对于实际价值非常便宜的价格买入好股票。基于安全边际进行价值投资，用巴菲特的话来说就是：用4毛钱的价格去购买价值1元钱的股票。其实就是用相当于实际价值4折的价格买入股票，和我买一件打了4折的商品类似。商品的标价并非其实际价值，我们要自己大概估计一下。股票过去的价格也并非其实际价值，我们也要自己大概估计一下。估计股票价值，首先要估计这家上市公司的内在价值。

投资者进入股票市场，重要解决的问题无非是三个：一、买什么？二、何时买？三、何时卖？好的买点已经解决了卖出的一大部分问题，根据"绝不让已经获利20%以上的投资再度变成亏损"这一止赢天条，只要买入之后能够获利20%以上，理论上何时卖出都是没问题的。只要先做到不亏，最终只是赚多赚少的问题。

许多投资人发现，要做到与众不同真是太难了。有时候，投资人最大的敌人就是自己。股价大幅上升时，贪婪驱使投资人参与投机，做出大数额、高风险的赌博，而依据的仅仅是乐观的预期而忽视了风险。在股价大幅下跌时，情绪又走向另一个极端：对损失的恐惧让投资人只注意到股价继续下跌的可能性而根本不考虑投资标的的基本面。甚至还有投资人试图使用一个公式来追求成功。

《安全边际》作者卡拉曼认为：失败的投资者容易受到情绪的控制，他们对市场波动的反应不是理智和冷静，而是贪婪和恐惧。他说：我看过很多这样的投资人，他们平时做事负责，深思熟虑，但在投资上有时候变得疯狂，也许仅仅几分钟就将自己很多年积累的身家全部投资出去，但也许他们平时买一台音响，也会花上好几天来熟悉和选择。

失败的投资者都会将股市作为不劳而获的挣钱机器，而不是资本金合理的回报。任何人都会喜欢快捷、容易的赢利，不劳而获的期望煽动起投资者贪婪的欲望。贪婪使得很多投资者通过寻找捷径来取得投资成功。最终，贪婪会让投资者的焦点从取得长期投资目标转向短期投机。

我们经常说"富贵险中求"，其实更应该换成"富贵稳中求"。在投资中，足够的安全边际才能保证你的富贵在稳中求。用中国人的话说就是"做事要留有余地"。买入股票时在价格上同样要留有余地。因为你对股票价值的估计只能是大概准确，不可能是绝对准确，因此必须在买入价格上留有很大余地，这样万一错误地高估了，也能保证你的买入价格相对于价值而言还是相当便宜的，仍有可能取得不错的回报。

## 5. 洼地效应——财富博弈的加速器

水往低处流是自然界再普通不过的现象了，正因为有了低地，才有了江河、湖泊、海洋。人们在交往过程中，也喜欢和那些处事低调不张扬的人在一起，这种现象被心理学家形象地称作"低洼效应"。

"洼地效应"是近几年比较流行的词,从经济学的财经分析中我们常会看到。从经济学理论上讲,"洼地效应"就是利用比较优势,创造理想的经济和社会人文环境,使之对各类生产要素具有更强的吸引力,从而形成独特竞争优势,吸引外来资源向本地区汇聚、流动,弥补本地资源结构上的缺陷,促进本地区经济和社会的快速发展。简单地说,"洼地效应"就是指一个区域与其他区域相比,具有更强的吸引力,从而形成独特的竞争优势。资本的趋利性,决定了资金一定会流向更具竞争优势的领域和更具赚钱效应的"洼地"。

比如,中国市场的巨大投资潜力和发展空间,吸引到越来越多的国际投资者的目光,使外资投入持续增加,这样就可以说中国在全球经济中产生了洼地效应;也可以形容江浙一带对人才的吸引,可以说其民间资本的持续发展产生了洼地效应;而当解释蓝筹股在弱市中的井喷行情时,就会在比较其动态市盈率和平均市盈率后,说其产生了价值洼地。

比如深圳,它拥有国家所给予的巨大的政策优势、沿海并与中国香港地区毗邻的地缘优势,吸引了来自全球各地的资金、技术和人才,以至于在短短的二十年里就从一个偏僻落后的小渔村发展成了一个繁华兴盛的国际大都市。在这个过程中,深圳之所以能吸引各地的资金、技术,靠的就是政策优势和地缘优势所带来的"洼地效应"。

"洼地效应"无疑对深圳的经济发展起到了加速作用。如果没有这种效应,深圳就会和沿海许多小村镇一样,发展程度也会相差不大,而不会成为今天的国际性大都市。与此类似,各地星罗棋布的经济开发区也正是利用了"洼地效应"的这种加速作用,从而获得了远高于开发区之外的发展速度。

在当下中国,房地产物业作为主要的投资手段,不仅是保值增值的载体,还是规避通货膨胀的主要手段。对房地产来说,"价格洼地"是促进房地产销售的主要因素之一。所以说，只要洼地存在，房地产就有上涨的空间。当然在房地产实际开发中，所谓的"洼地"也可能是市政中心、城市广场或历史建筑区等对于区域价值有提升作用的区域。

因此，对于投资者来说，如何能在市场上找到真正的"洼地"，获得投资的巨大收益呢？

（1）某些从事实体产业的公司，其经营方向和经营业绩在一段时间内长期稳定，在危机中不但没遭受重创，还能迅速翻身挺过来的公司股票，则属于"洼地"的投资目标。

（2）虽然不是时下热门的炒作概念，但关乎国计民生的股票。比如，属于人民大众最重要的吃饭问题的粮食、农业等概念股，是可以而且必须持续发展的永恒产业，如果其业绩和发展预期良好，而且没有被爆炒过，则属于价值洼地，非常具有投资价值。

（3）关注那些属于国家规划扶持发展，生产与科研真正结合，有能力、有规模和实力的企业，如果符合全球人类革新方向，在不远的将来会影响到后续人类的生产、生活方式，投资这类企业必然会有良好的投资回报，当然可能得有一定耐心。

至于那些金融、房地产等热门类公司股票，虽然当今炒作盛行，但其产业政策受宏观政策干预波动大、经营业绩也不稳定。还有，就是那些属于不可再生资源领域的公司股票，其价格已严重背离价值本身，一旦新能源经济逐渐步入历史舞台，其炒作空间必将受到严重压制，这也是需要引起广大投资者足够重视的。

## 6. 博傻理论——大家好，未必真的好

百度百科对于"博傻理论"是这样定义的：在资本市场中（如股票、期货市场），人们之所以完全不管某个东西的真实价值而愿意花高价购买，是因为他们预期会有一个更大的笨蛋会花更高的价格从他们那儿把它买走。博傻理论告诉人们的最重要的一个道理是：在这个世界上，傻不可怕，可怕的是做最后一个傻子。

有个故事是这样讲的：

一位石油大佬去天堂开会，他兴冲冲地跑进会议室，却发现座无虚席，早已经没了他的座位。于是他灵机一动，大喊一声：大家注意啦！听说，有人在地狱发现了石油！此言一出，惊起千层浪，天堂里的石油大佬们都想赌一把，争先恐后地奔向地狱，生怕落后一步被别人抢走了利润。天堂顿时空了下来。这位发布消息的石油大佬正准备找个座位歇歇时，突然听到外面有一大群人在议论地狱的石油是多么丰富。这位大佬愣住了，莫非地狱真的发现了大量的石油？于是他又急冲冲地跑向地狱。结果地狱里并没有石油，只是空欢喜一场。为什么发布这一消息的石油大佬也会跟风呢？背后的真相是怎样的呢？

这个故事告诉我们：地狱里是否有石油本是一场投机游戏，由于利润的驱动，一群群傻子涌进地狱，不了解消息的真假，不验证价值的大小，就盲目跟风，最后总有一个傻子一不小心成了游戏的最后接盘者。这个故事告诉我们：投资要有立场，不要盲从，不要沉醉在虚幻的发财梦中，否则只会变成市场的牺牲品。尤其要熟记，投资不能跟风。当别人都说好的

时候，未必真的好。要像巴菲特说的那样：别人恐惧的时候你要贪婪，别人贪婪的时候你要恐惧。切记不能跟风，一跟就容易变成最后一个傻瓜。

现在的人们已经慢慢了解了博傻游戏的方式，也懂得哪些是真哪些是假。然而博傻游戏看似简单，但是在很多时候却依旧可以让人防不胜防。特别是在这种简单粗略的骗局刚刚出现的时候，依然有很多人上当受骗。

在股票市场，也有着博傻游戏。很多人总是秉持着"有人比自己更笨"的策略进行一些非理性的投资，然后等待有人从自己手中高价买走那些根本不值钱的东西——股票市场中的博傻，就是高价买进股票，等行情上涨到有利可图的时候再迅速卖出。这种操作策略在股市中被称作"傻瓜赢傻瓜"。

其实从理论上讲，博傻也有合理的一面，博傻策略是高价之上有高价，但低价之下还有低价。游戏就是个接力棒，只要不是最后一棒，都是有利可图的。做多了就有利润可以赚，做空的人减少损失，而不巧接到最后一棒的人就是倒霉的人了。

博傻是一次性博弈中惯用的招数。因为只是一次性的交易，因此人们就会更加无所顾忌地去进行这种博傻的对抗。要知道，在博傻游戏中，如果找到了"冤大头"，所赢得的利润要比一般的一次性博弈所赢得的利润还要多。

博傻游戏对于投机来说，所抱有的思想观点无非就是"世界上有比自己还要大的傻瓜"。因此，博傻基本上已经成为投机者的最爱。对于投机者来说，博傻是一种更有价值的赢利策略。像是在期货或者股票市场上，人们之所以不在意某个东西的真实价值，甚至愿意出高价去购买，是因为他们预计，会有一个更大的笨蛋愿意出更高的价钱从他们手里买走。

博傻游戏中，只要你不是最大的笨蛋——最后的接棒人，你就一定会成为赢家。当然，如果没有人愿意出更高的价钱来买你的东西，做一个比你还要傻的傻瓜，那么你就成了最大的傻瓜。

# 第五章
# 储蓄——理财第一课

下篇

投资理财工具篇
——把握最有效的
投资理财工具

## 1. 理财，从储蓄开始

我们常听说某某赚了"第一桶金"，最后才发家致富。可见第一桶金很关键，是投资理财的根基。对于普通人，我们没有机遇或运气快速拥有"第一桶金"的话又该怎么办呢？在我看来，合理、有序、持续地储蓄是必要也是必需的。

每个人基本上都做过储蓄，但不少人的储蓄方法并不科学。大多数人是把每月的结余变成储蓄或投资，留下的多就多存，剩下的少就少存，没有一个明确的数目，这是没有计划的瞎存。有些人可能会很有规律，每个月都存入固定的金额，但他们仅仅是强制储蓄，以免自己乱花钱。问他们为什么存这样一个金额，他们很难说出个所以然。这只是有一个好习惯，但还缺乏明确目的。

从理财的角度来说，怎样才是科学的储蓄呢？我们都知道，理财是为了实现人生的重大目标而服务的，而每月的储蓄其实就是投资的来源。因此，合理的储蓄应该先根据理财目标，通过精确的计算，得出为达成目标所需的每月准确的金额；然后是量入为出，在明确的理财目标的指引下，每月都按此金额进行储蓄。至于每月的支出，那就是每月的收入扣除每月的储蓄额后的结余了。

不少30岁以下的年轻人沉浸在享乐里，美其名曰"活在当下"，可是，不要忘记，再年轻也要面对衰老的岁月。50岁之后，工作提升的空间小，工资收入增长慢，可健康、养老的压力却近在眼前。如果没有足够的积累来打底，曾经的追风少年也要面对现实的冷风。只看重眼前而过度消费，今后要为被浪费的时间价值而付出代价。要知道，现在挥霍掉的100元并不只是100元，它还意味着可能的源源不断的收益。趁早树立理财意识，及早开始储蓄并参与投资，这才是向未来负起责任。储蓄的启动不在于资金的多少，而在于计划的稳定执行。也许每月收入的10%对你来说只是一点儿玩乐的花费，那么你的储蓄计划不妨就从这10%开始。10%储蓄符合10/50法则。

这个法则的运用是这样子的，就是把每个月工资的10%和以外收获的50%作为硬性的储蓄金。

比如：工资假如一个月是5000元，那么每个月都需要把500元作为储蓄基金。其实一个月10%的储蓄比例并不会对我们的生活质量带来多大的影响，也就算是工资打了个9折吧！不过有的小伙伴可能会说5000元一个月我才存500元这么少，起码我要做到存一半2500元吧！

实际上，储蓄并不是一件短期做的事情而是长期坚持的工作。有的小伙伴一开始的时候就是每个月50%的储蓄幅度，存了一两个月以后因为自己的开销不足所以放弃了。假如你真觉得10%太少的话可以考虑更多的金额，但一般最好不要超过20%。

而另外一个50%的以外收获是什么呢？它指一些非常规收入部分的50%储蓄下来。比如：买了彩票，突然中奖了。中奖金额5000元，这5000元是额外的收入。这时候就把50%也就是2500元放到储蓄基金里面，而另外的50%奖励自己。另外，现在5000元的工资，假如明年公司涨工资了。一下子涨到了6000元，那就是比之前涨了1000元了。这时候同样把额外收入的50%存在储蓄基金里面，另外的50%作为奖励自己改善生活质量。

不论你的收入如何，在没有足够量的"第一桶金"的时期，还是要重视储蓄，熬几年苦日子，一方面保持储蓄，另一方面尽量压缩各种欲望（这也是对自己的一种磨练），把重心放在工作和专业素养的提升上，在行业内混出个人价值来，或者升职或者跳槽，早日使收入提到下一个水平。

## 2. 强制储蓄，立竿见影

何谓强制储蓄，用个存款公式就能说明，即：支出＝收入－存款。

有一对夫妻因为过年手头拮据发生口角，妻子说丈夫买烟的花销太大，把本该用来过年的钱都花没了。丈夫不服气，说自己每天一包烟才花几个钱。第二年开始，每次丈夫买一包烟，妻子就往储钱盒子里投入一包烟的钱。到了年底，妻子打开钱盒，夫妻俩发现是一笔不小的数目。他们用这笔钱热热闹闹过了一个年。丈夫发誓要戒烟，妻子也找到了强制储蓄的好处，学会了按时按数储蓄。

为什么我们需要做强制储蓄呢？由于我们的支出具有不确定性，一不小心就超出预支了。这样先消费后储蓄的方式就比较难存到钱。如果把确定的储蓄先存下来，再进行消费，这样可以有效控制我们的支出金额，一些可消费可不消费的地方就不会去消费了，而且还进行了财富积累。长此以往，聚沙成塔，就能累积到不少资产了。

除了明白先储蓄后消费的道理，还要学会更多的储蓄手段。比如，下面是常见的几种储蓄理财增加利息的做法：

（1）约定自动转存

约定自动转存就是客户与银行签订协议，只要活期账户的余额超过一定数额，银行就会在每月固定的时间将客户活期账户内的指定金额自动转为定期。比如，客户与银行约定，只要账户余额超过 8000 元，则在该月的 18 日将其中的 5000 元转为定期存款，具体的定期年限由客户决定。

这样做不仅能自动把预算之外的闲钱及时转成定期存款，同时还能保证手头永远有一笔可提取的活期存款。

（2）12存单法

每月提取工资收入的10%～15%做一个定期存款单。每月定期存款单期限可以设为一年，每月都这么做，一年下来你就会有12张一年期的定期存款单。12存单法的好处就在于，从第二年起每个月都会有一张存款单到期供你备用，如果不用则加上新存的钱，继续做定期。这样既能比较灵活地使用存款，又能得到定期的存款利息，是一个两全其美的做法。假如你这样坚持下去，日积月累，就会攒下一笔不小的存款。如果嫌一年时间太长周转不开，先从3个月、半年开始定存也无妨。也有人喜欢24单（2年期）和36单（3年期），但个人认为储蓄周期太长，不划算，这么长时间内都用不上的钱，不如通过其他途径进行投资，收益会更好。

（3）阶梯存款法

这更适合已有一笔固定资金的投资者。比如一笔10万元的资金，将其均分为5份，按1、2、3、4、5年的期限存5份定期存款。第一年过后，把到期的1年定期存单续存并改为5年定期；第二年过后，则把到期的2年定期存单续存并改为5年定期。以此类推，5年后，5张存单都会变成5年定期存单，但每年都会有一张存单到期，并且都能享受5年定期的高利率。

（4）强制归集关联账户

最近有个"保底归集"很火，是指当关联账户余额大于保底金额时，自动把超出部分转账至中心账户，当关联账户余额小于等于保底金额时，不执行任何操作。而全额归集是指归集方式设置为全额归集后，只要关联账户余额大于0，则自动把关联账户所有资金转账至中心账户。其实这并不是新鲜事物，而是超级网银的功能之一，是为控制不合理消费一方开支的一个有效方法。

很多人觉得强制储蓄是不对的，因为赚钱就是为了花的，所以，想不想理财也在于个人。在这里我想说的是，自己赚钱自己花是对的，但是这只是在行一时之乐而已，我们不应该只想到眼前，而应该为未来做一番谋划。强制储蓄只是开始，如果没钱，还会有未来吗？如今，很多人都是依靠工资生活，但是随着经济水平的提高，工资也会满足不了生活所需，所以，理财迫在眉睫。虽然说强制理财很难，但只要有一个好的开始，那么后面的理财道路就要简单多了。

强制储蓄并不是一定要你去做，但是理财却是越早越好，因为财富都是从少慢慢积累的，越早理财，未来的财富才会越多。

## 3. 把钱存银行也没那么简单

前面我们讲理财需要强制储蓄，把不用的闲钱放到银行存起来，以备不时之需。因为大家都知道，钱放在银行里是有利息的，有了本金就可以获得一部分利息收入，这是很多人的投资方式。但是，这只是起步，因为存钱而能成为百万富翁的人在当今的经济环境下是不太可能了，而且靠把钱存进银行来保值增值也非常难。所以，钱存银行也没那么简单，我们除了知道储蓄，还应该知道更多。

随着国家不断下调存款利率，存入银行的钱也因此在不断缩水。我们按照3%的存款利率计算，假设你有10万元，我们按复利算，存银行一年获得利息3000元，第二年获得6090元，五年后总额为115927.4元，一共获得利息15927.4元。如果你买货币基金类理财产品，按照4%年化利率计算，一年后获得收益 4000 元，五年总额为 121665.3 元，获得收益 21665.3 元。如果你买互联网金融类理财产品，年化利率当然会更高，五年后获得的利息远远比银行高多了（前提是找到靠谱的金融产品和平台）。何况，银行还在不断下调利息。

目前银行活期存款利率，只有 0.35%，即使是 1 年定期存款的基准利率也仅为 1.5%，根本就跑不过 CPI。所以钱放在银行里，只会越来越不值钱。甚至银行也可能破产！以前大家都想，钱实在没处放，可以放银行啊，反正有国家兜底，银行不会破产。现在这种观念再也不能有了！在陆家嘴论坛上，中国人民银行副行长张涛发话，说要允许银行破产，中国的银行也要像美国的银行一样市场化。那么，今后银行市场化了，老百姓的钱要靠谁来保障？假如银行破产了，我们的钱还会安全吗？

国务院在 2015 年公布的《存款保险条例》中规定，存款保险实行限额赔偿，最高偿付限额为人民币 50 万元。什么意思？就是说只有存款在 50 万元以内的才可以得到全额赔付，超过 50 万元的最多也只能赔 50 万元。所以现在，钱放银行也不能保证 100% 的安全了。

那么，我们究竟该怎么办呢？

被全世界公认为最富经商头脑和赚钱本事的犹太人，往往不靠把钱存入银行吃利息，而是拿出更多的钱投资不动产，做生意，为自己的智慧充电，十年甚至二十年过去，会发现自己增加的固定资产要比存在银行的那几个利息多得多。

在中国有一个奇怪的现象：穷人到银行存款，富人到银行贷款。穷人越来越穷，富人越来越富！所以，当你把钱存进银行，就是把钱给那些比你更有钱的人用，特别是在这个货币大贬值的时代，将自己的财富以货币来体现是不明智的行为，最后的结果就是你的钱都为比你更有钱的人服务了。

想一想，如果你辛辛苦苦赚到 100 万元，过了 10 年、20 年，以现在的通货膨胀速度，贬值 900 倍，到那个时候，你哭都来不及！

所以《富爸爸，穷爸爸》一书的作者有句名言："储蓄全都是输家的策略！"这就是为什么越来越多的人认识到投资理财的重要性，并积极付诸行动的原因。

为了抵御通胀，我们也可以增加对实物资产的配置。简而言之就是尽可能让钱不走单一的储蓄理财路线，要多几条投资渠道布局。因为不管利率多低，实物资产总能对抗通货膨胀。

## 4. 外币储蓄如何增值

外币储蓄需要开设一个外币账户，也称为外钞账户，是指从境外携入或境内居民持有的可自由兑换的外币现钞所存入的储蓄存款账户。此种账户的本息可以支取外钞；如汇往境外，则须经银行炒买汇卖，超过 2000 美元的大额款项汇出须按国家外汇管理局的有关规定办理；也可按外钞买入价折算兑取人民币。存款人或其直系亲属获准出境，从上述两种存款账户支取外币现钞，可按规定凭出境证件由存款银行出具外币携带证携带出境。存款支取的货币种类或汇出汇款的货币种类应与原存款的货币种类相同，如支取或汇出其他种类的货币，按支取日或汇款日外汇牌价套算。分为活期储蓄和定期储蓄。

活期储蓄，开户起存金额为不低于 10 元人民币的等值外币。外币活期储蓄存款计息港币、英镑全年按 365 天计息，美元及其他币种全年按 360 天计息，存期按实际天数计算。外币活期储蓄存款每年结息一次，结息日为 6 月 20 日。如果未到结息日储户提取全部活期储蓄存款，银行按清户日挂牌公告的同币种活期存款利率计算利息。

外币定期储蓄存款起存金额为不低于 50 元的等值外币。存期分为 1 个月、3 个月、6 个月、1 年、2 年五个档次。客户可以在开户时任意选择存款到期的各种指示：亲临支取、本息续存、本金续存，利息转存指定账户、本息全部转存指定帐户。

如何使外币储蓄增值，要注意以下 3 点：

（1）选好币种并尽量保证币种多元化。国际金融市场一直处于动荡之中，汇率自然波动颇多，选择好外币储蓄的币种是确保保值增值的前提。首先，最好选择硬货币。货币的硬软是由该国的经济、政治形势、外汇储备量、利率差等决定的。通常硬货币的波动不那么频繁并且幅度也较小，即使走软也是一个逐步下跌的过程，储蓄者完全来得及调整，而且有货币发行国雄厚的经济实力为后盾，东山再起绝非难事，储蓄者在小幅调整时可持币观望，避免不必要的损失。

有资金实力的储蓄者，不妨考虑币种多元化，尽量"不要把鸡蛋放在同一个篮子里"，即使此降彼升，最终也能对冲风险，实现投资收益。

配置外汇要选择合适的币种，而美元无疑是现在的最佳选择。外汇市场上，美元升值是个热门话题。从经济学角度看，美元具备相对较高的生产率、紧缩的货币政策和较高的风险偏好。这使得投资美元的三个条件都具备了，美国经济复苏稳固，全球一枝独秀；美元短期利率上涨预期明确；信贷数据显示，美国宏观经济的风险偏好在上升。相比之下，欧盟、日本、中国都面临经济结构问题，美元以外的主要货币政策宽松，美元对全球资金的吸引力不言而喻。

需要注意的是，美元可不能只跟其他货币比较。美元和黄金、美元和石油都是负相关的关系，房地产投资已经不合时宜，强势的美元自然是一个可选项。

（2）选择好存期。一件显著的事情是存期越长，利率越高，获利越多。因此，似乎应该选择较长的存期，实际并非如此。外币储蓄的利率影响因素较多，变动频繁，因此，应该根据储蓄币种所处的利率位置来选择存期。利率相对稳定并处于较高位置时，可选择6个月、1年的中期储蓄；利率波动频繁或者处于较低位置时，可选择1个月、3个月的存期，以便观望。此外，还要结合汇率变化情况来选择存期，对于汇率变动频繁的币种应尽量选择较短的存期。较大数额外币的持有者不宜一笔存储较长期限，以减少或避免利息或汇价的损失，不妨部分外币存长期，部分存短期，一旦利率变化，也能及时应对，随时调整。

（3）尽量减少币种兑换。如果遇到利率提升或汇率变动，应先计算转存后所得到的利差和汇差收益是否高于原存期的利差收益后再决定转存，尽量减少币种兑换。另外，银行对外币与本币之间、外币与外币之间的兑换要收取一定的兑换费用，并且银行在兑换时是按现钞买入价收进，而不是按现汇卖出价兑换，而前者是要低于后者的，储户将有一定的损失。所以，应尽量减少兑换次数。另外，我国的现实仍然是外币换本币容易，本币换外币很难，因此不要轻易将外币兑换成人民币。

## 5. 守护和增加不动产

不动产有两层含义：其一，像房子、厂子等不会动的固定资产；其二，不可以去动的资产。也就是说，无论你有多么好的投资计划和发展项目，都不可以动用这些资产。因为它是保证你在人生风险发生时仍然可以正常生活的重要保障。那么，我们应该怎样守护好自己的"不动产"，让自己没有后顾之忧地理财投资呢？

在前面我们了解了储蓄的方法和银行的一些利弊，储蓄一部分"不能随意动"的钱是非常明智的。所谓"不动"是相对而言的，"不动产"并不是永远不能动，如果只是一笔"死钱"放在那里自然也就失去了价值。这笔"不动产"应该是你最近一段时间以及未来几年生活的一种保证。它可以是一个固定的数额，但并非仅仅是数额的不变，你可以拿出来应急或者消费，但是在用过之后一定要及时补充上。因为大部分人每个月都会有一定数额的收入，所以可以保证这笔钱在长时间里保持一定数额。这笔数额至少应该能维持你半年左右的生计，从而可以保证你在生病不能工作、突然遭遇失业、家人遭遇不测需要照顾等意外情况下的过渡所用。这段时间即使你没有收入，也可以凭借之前积累的"不动产"帮自己渡过难关。不过在这笔"不动产"的有效期内（也就是这笔钱用完之前），你需要让自己重新步入正轨。所以说，这类不动产是需要稳稳守住的。

比如，把一半积蓄放在银行存款或国债上，这些钱的作用不是增加收入，而是保本，避免让财富暴露在不可控制的风险下。除存款和国债之外，还可以关注一下其他低风险理财产品，如人民币理财产品和货币市场基金，投资这些理财产品本金较安全，虽然给出的收益率都是预期收益率，没有绝对的保证，但实际上收益率波动范围并不大。

尽可能让"不动产"变得丰盈一些，"不动产"的数额越多，为你提供的保障有效期也就越长，让你有更多的时间调整自己的状态。所以，在自己的能力范围内，多储蓄一定数额的"不动产"，你生活的压力才不会过大。

在收入有限的情况下，"不动产"数额维持在一个适合的范围之内就可以了，剩余的闲钱可以拿来做其他方面的投资，如此一来，你的财富增长才能越来越快。

只有守好自己的"不动产",你才不会在生活遇到变动时让自己处于被动。你不妨从现在开始就为"不动产"做储备,而储备的最原始也是最好的方式当然是"存钱"。根据自己的收入做好分配比例开始储蓄,越早一天完成这笔款项的储备,你的后顾之忧也就越早一天结束。不过"不动产"的数额也不是永远不动的,随着你收入的增加、生活质量的提高、家庭成员的增多,这笔"不动产"也应该跟着上涨,以保证能维持你一定时期内的正常用度为目标。

## 6. 正确看待银行的理财产品

随着互联网金融的兴起,支付宝理财、京东小京库理财,金融理财和增值手段已经不再让银行一家独大了。银行也不再是一个无风险的行业,未来,银行也会面临着重新洗牌,被迫参与竞争与变革。银行不再是我们观念中最保险的"存钱"机构。那么对于银行的理财产品,我们更要有清醒的认识,并和客观地对待。尤其随着各大银行开始市场化,银行也成了推荐基金、理财产品的场所,我们更要用市场化的眼光去看待银行的理财产品。

首先要知道,银行没有"印钞机",自己不能钱生钱!为了在支付给我们利息之外赚钱,它必须把我们的钱投资到更高收益的地方。投资到哪里呢?一般分成两种:一种是贷款给有需要的企业(比如国企、上市公司、大中型企业等)获得利息差;另外一种就是上面我们所说的银行理财产品,类似于基金一样,我们把钱交给银行打理,银行通过大资金运作的模式投资到债券、银行存款、非标准化债权等资产。

银行理财产品并非存款，也存在一定风险。有不少投资者误将银行理财产品看作是"保险箱"，认为其保本保收益，这其实是存在相当多的误区的。

误区一：银行理财产品不会"亏本"。

不少投资者认为银行理财产品跟银行存款一样，不会亏本，这种想法其实是存在误区的。一般来说，根据获取收益方式的不同，理财产品可划分为保证收益理财产品、非保证收益理财产品两大类。保证收益的理财产品包括了固定收益理财产品和有最低收益的浮动收益理财产品。前者的收益到期为固定的，非保证收益理财又可以分为保本浮动收益理财产品和非保本浮动收益理财产品。非保本理财产品甚至有可能发生本金亏损。

误区二：预期最高收益等同于实际收益。

"预期最高收益"指的是在理想情况下理财产品的收益情况，这其中存在一定的市场风险，预期收益可能最终不能实现。投资者在阅读产品指南及条款内容时，须同时关注其中列出的较差或最差投资收益情形。中央允许银行宣布破产，对于存款人只赔存款，而不赔理财产品。从这项政策可以看出，银行理财产品具有安全稳定的优势的时代不再存在了。

知道了这些误区以后，我们在投资理财的时候就能注意和防范一些潜在的风险。比如，要注意流动性风险、收益风险和本金的风险。流动性风险是指在理财产品没有到期之前消费者不能提前支取本金和收益，因此消费者在购买理财产品时要弄清楚产品的期限以及能否提前赎回，或者急用资金时银行有没有解决方案。收益风险是指除固定收益类产品外，有许多产品的收益是预期收益，是一个估算值而不是实际已经发生的。还有一种风险是本金的风险，有的理财产品是保本的，而有的理财产品是不保本的。

在购买理财产品时，要综合考虑安全、风险、收益和流动性，并合理分配资金，特别是要选择适合自己的理财产品。比如，退休家庭或中低收入家庭建议购买低风险产品；风险承受能力高的消费者，可选择外汇买卖获取利差；对于有出国需求的可通过外汇买卖换取该国币种，也可将手中低利率外汇换成高利率外汇，获取息差；选择人民币理财产品要根据资金需使用的时间，选择期限合理的产品，一定要备足周转金，以备不时之需。

同时，也要审势当下的经济环境，善于搭上互联网和银行的快车。目前，互联网的各种理财"宝宝"收益持续下滑，各路"宝宝"跌跌不休。与之形成鲜明对比的是各大银行推出的诸如薪金宝、活期宝、现金宝、平安盈、掌柜钱包、如意宝等，这些银行系的"宝宝"们与互联网"宝宝"们类似，都是货币基金，自由赎回，零手续费，它们的收益也在逐渐赶超互联网的"宝宝"。

在新的市场环境下，"互联网＋银行"帮助银行轻松突破了固有的业务和商业模式，使其具有"无限扩展"的可能。实际上，从安全性方面来说，以银行做背书的银行系互联网金融理财产品具有天然的优势。

所以，要正确看待银行理财产品，既要能把好风险关，又要能不失去收益理财的机会，这样才是真正跟银行打交道的投资人。

# 第六章
# 保险——避险获利两不误

下篇 投资理财工具篇——把握最有效的投资理财工具

## 1. 保险的前世今生

自有人类以来，各种自然灾害、意外事故就时常威胁着人类的生存与发展，为了寻求防灾避祸、安居乐业之道，人类萌生了对付各种自然灾害、意外事故的保险思想和一些原始形态的保险做法。对此，中外历史上均有记载。

中国是最早发明风险分散这一保险基本原理的国家。早在公元前三四千年，中国商人就将风险分散原理运用在货物运输中，历史悠久的各种仓储制度是我国古代原始保险的一个重要标志。镖局就是我国特有的一种货物运输保险的原始形式，镖局是一种类似保险的民间安全保卫组织，其经营的业务之一是承运货物。它以运输途中的货物作为保险标的，保险人对由自然灾害和意外事故造成的货物损失负责赔偿。商人交镖局承运货物，俗称"镖码"（相当于保险标的）。货物须经镖局检验，按贵贱分级确定"镖力"（相当于保险费率），据此收费签发"镖单"（相当于保险单）。货到目的地，收货人按镖单验收后，在镖单上签注日期，加盖印章，交护送人带回以完成手续。镖局的这些手续与现代保险的承保手续大致相同。

随着社会发展，保险也在不断演变。由《现代保险学》可知，在各类保险中，海上保险起源最早，它起源于地中海。世界上第一部规定标准保单格式的条例，是1523年由意大利的佛罗伦萨制定的《海上保险条例》。15世纪以后，随着海上贸易中心从地中海向北海转移，世界上第一部比较完善的海上保险法案《涉及保险单的立法》，是1601年由英国女王伊丽莎白下令颁布的。它一直沿用到1906年，奠定了海上保险和商业保险的基础。17世纪，经过大规模的海战与殖民掠夺，英国在世界贸易和航运中占据了垄断地位，成为世界海上贸易的中心。海上保险的中心也开始转移到伦敦，此后，英国一直在海上保险发展方面处于国际领先地位。

人寿保险制度得到建立，要从"生命表"运用在计算人寿保险的保费开始。1693年英国著名数学家、天文学家埃德蒙·哈雷编制了第一张生命表，精确表示了每个年龄的死亡率，提供了寿险计算依据。辛普森根据哈雷的生命表做成依死亡率增加而递增的费率表。之后，陶德森依照年龄差等计算保费，并提出了"均衡保险费"理论，促进了人身保险的发展。最古老的人寿保险组织是1756年成立、1762年开始营业的"人寿及遗族公平保险社"，简称"老公平"。这时的寿险计算已日趋精确，大数法则得到广泛应用，寿险业得到蓬勃发展。成为现代保险业的中流砥柱。

第二次世界大战后，随着世界经济的恢复和繁荣，寿险业已成为当代保险业的主流业务。

再后来，有了层出不穷的商业保险。商业保险大致可分为：财产保险、人身保险、责任保险、信用保险、津贴型保险、海上保险。大类别按照保险保障范围分类，小类别按照保险标的的种类分类。按照保险保障范围分为：人身保险、财产保险、责任保险、信用保证保险。

不同的保险种类有不同的保障方式和内容，具体如下：

财产保险：指的是以各种物质财产或物质财产利益为保险标的的保险，保险人对物质财产或者物质财产利益的损失负赔偿责任。

人身保险：指的是以人的身体或者生命作为保险标的的保险，保险人承担被保险人保险期间遭受到人身伤亡，或者保险期满被保险人伤亡或者生存时，给付保险金的责任。人身保险除了包括人寿保险外，还包括健康保险和人身意外伤害险。

疾病保险：又称健康保险，指的是保险人对被保险人因疾病而支出的医疗费用，或者因疾病而丧失劳动能力，按照保险单的约定给付保险金的保险。

人寿保险：简称寿险，指的是一种以人的生死为保险对象的保险，是被保险人在保险责任期内生存或死亡，由保险人根据契约规定给付保险金的一种保险。

分红保险：指保险公司在每个会计年度结束后，将上一会计年度该类分红保险的可分配盈余，按一定的比例、以现金红利或增值红利的方式，分配给客户的一种人寿保险。投资连结保险就是保险公司将收进来的资本（保费）除了提供给客户保险额度以外，还会去做基金标的连结让客户可以享受到投资获利。

万能人寿保险：又称为万用人寿保险，指的是可以任意支付保险费以及任意调整死亡保险金给付金额的人寿保险。

再保险：指的是以保险公司经营的风险为保险标的的保险。

免费保险：指的是指一种保险公司或保险代理机构免费赠送给客户的保险产品。保险公司或者保险代理机构通过这种方式，使客户增加对保险公司或代理机构的认知。是通过客户对保险产品的免费体验，获得客户信任的方式。

针对不同的险种，人们有了更宽泛和自由的选择，能够对应找到适合自己的险种。

随着社会的进步、经济的发展，人们抵御风险的能力大大提高。保险的基本原则是累计千千万万人的财力，结成一个抵御化解风险的大集体，在这个大集体中每个人都是付出者，但同时也是受益者。通过付出，在遭遇事故时，得到及时的救助，这就是保险的基本功能。

## 2. 没有保险相当于裸奔

保险就像飞机上的降落伞，虽然未必有用，但这一份保障却是实实在在的。有些保险从业者经常告诉准客户：保险很重要！其实我曾在培训课上公开批评这句话不对！你想：如果说保险很重要，那么什么是不重要的？是银行储蓄还是股票基金？所以说，保险不是重不重要的问题，而是必不必要的问题！

每个人都希望自己及家人过上无忧无虑的生活，但是随着社会大环境的改变，疾病和风险也成了考验人们的最大困难。如果遭遇重大疾病，如何才能保证现有的生活品质不会下降？这是我们每个人都要面对的课题。很多人也许认为拥有社会保险就足以应对所有的风险，真实的状况是社会保险并不能覆盖所有的人，同时，社会保险与商业保险也存在很多不同。社会保险不会在被保险人身故后为他的家人负担未来生活的费用；商业保险可以按照约定在被保险人身故后为家人提供未来生活的开销，可以延续被保险人对家人的爱与责任。社会保险只承担基本治疗及药物，如某些新药、进口药、特效药、营养费、疗养费、护工费用、后期营养的补充等都不在报销范围之内，再如交通意外伤害、医疗事故等其他责任造成的伤害、重要器官移植等都不在可保范围之内；商业保险的重疾险一经确诊患有保险合同约定的重大疾病并经保险公司理赔核定，则保险金额一次性立即给付，无需考虑使用何种药物等因素。并且还可以通过附加津贴型保险等方式，在住院时获得额外赔付，弥补因病导致的收入损失，并可用于支付护工费及营养费等不定额费用。

所以，经济条件允许的情况下，给家人和自己上一份保险是很有必要的事情。那么如何科学地投资保险呢？

（1）要买对人。

先考虑一家之主，然后是配偶，最后才是子女。可是在国内，往往是颠倒的。这里有观念和知识上的差距，也存在着保险从业者的投其所好。

有一个企业，年终奖是分给4个高管一笔保险补偿金，补充公司所交保险的不足，高官们自己选择被保险人。大家选择的受益人不同：高管A、高管B、高管C都投保了自己，但高管D却是给孩子投保。当年汶川大地震，这个企业就坐落在灾区，4位高管也不幸罹难了，结果A、B、C三位高管都获赔偿，只有高管D因为被保险人是孩子，而孩子没有死，保险公司给出的答复很简单，被保险人健在，无理由赔保，除非退保或者继续缴纳保费，刚刚缴纳保费2年，保单现金价值非常低，即便退保也没有什么钱，继续缴纳保费的话，受害家庭也没有能力，所以只能低价值退保。而这位高管D其实就是这个公司的总经理。

（2）要买对险种。

我建议先买意外险，因为意外无所不在，而且可以用最少的钱获得最大的保障，充分利用了保险的杠杆作用；然后是健康险，包括重疾险和住院险；最后才考虑目前市场上大卖特卖的分红险。

（3）买够保额。

我建议保额应该是自己5~10年的收入总额，比如你一年赚20万元，那么保额至少是100万元~200万元；或者是购买5~10年的家庭开支总额，当然要把家庭的负债也算进保额里。

（4）选择购买地。

近几年中国香港地区保险很火热，很多投资者选择飞到中国香港地区去买保险，为什么舍近求远去中国香港地区买保险？因为行业成熟度高，中国香港地区保险成立的时间早，经历了时间以及国际市场的竞争和考验。港人平均寿命高，目前排在世界首位，寿命长和保险的关系就是保险费的给付时间长，相对应的缴费时间点的费用自然就比较低。

如果我们用一个储蓄险做比较的话，内地的多家大型保险公司在保单价值增涨能力上都是逊色的。100万元投到100岁时8000万元，而中国香港地区保险通过不同的投资策略达到的价值增长是5.8亿元。中国香港地区保险的免责条款，或者说豁免是非常突出的。

如果我们用一个重疾保险做比较的话，内地保险跟中国香港地区保险会出现更大的差距。首先在重疾保障和轻症保障的数量上，就能做出明显比较，中国香港地区的轻症或者说是早期危机保障，内地保险是如果有癌症才能提供赔付，就是你不够严重不能帮忙，而中国香港地区则是出现原位癌就先行赔付一定的费用，把重疾扼杀在摇篮里。

如果我们接下来看一下保单价值或者现金价值，会发现国内外的区别也很大。国内险资的投资有限制，而海外的险资是全球投资。而且因为复利的原因，国内外的险资复利有两个点的差距，时间将这两个点无限放大，每一个中国香港地区保单里都有两个主要构成，一个是现金价值，一个是保障额度，这两条主线都是通过复利投资而实现增加和提高，价值提高，保障额度也同样提高。而且，中国香港地区的保险提供保单质押，而在内地，通常情况下是只能贷款80%以内的额度，并且承担的贷款利息相对较高，要比银行高一些，而中国香港地区保险虽然也是贷款利息比银行高，但是和内地相比却是差很多，某些保险的保单持有人甚至可以无息提取80%现金。

但是，中国香港地区保险也存在一些缺点，比如：核保严格，投保前会调查很多问题，甚至录音留证，如果条件不合格会出现不予投保，如果靠投机取巧入了保也会被退保。这点与内地大部分保险的"宽核保严理赔"

不同，中国香港地区保险通常是"严核保宽理赔"。中国香港地区保险要求所有投保人必须到中国香港地区本地投保，购买保险，签订保险协议。这也会制约一大部分想要投保又受地域所限的人。

不管是内地还是中国香港地区，保险只能是理财的一种手段而不是全部，即使买了保险也不能让人从此高枕无忧。理财是为了更好地平衡家庭财产，买保险是为了爱与责任，尽自己对父母、对太太、对子女的一份责任，给他们一份保障。在合理配置家庭资产的时候，要把买保险当成一项必要的投资。即使哪天因为某些原因生活有了风险，让保险真正发挥作用，让爱的人拥有足够的生活保障。

## 3. 生命周期与保险需求

保险规划既然是属于个人理财规划中的一块，而理财规划又必须和不同的生命周期、不同的家庭模型相结合，才能产生最佳的实践效果，因此，生命周期理论在保险设计上应该要有所应用。

人生各阶段的生活重心、家庭情况不同，财务保障的需求也会有所不同，对保险的选择也会不同。一个人的生命周期分别是：单身期、家庭形成期、家庭成长期、家庭成熟期。20~30岁的青年单身期的家庭负担，肯定比已婚人士来得轻，后者的家庭会需要更多保障。此外，资产较少的人也比资产较多的人更需要保险，因为他们本来就缺乏经济保证，更需要保险分散风险。

对于保险规划要想到三个关键点：所处的人生阶段、家庭负担及个人在家庭中的地位（包含责任和经济地位）、所拥有的资产。

青年单身期，指从参加工作到结婚的这段时期，一般2~8年，年龄一般在22至30岁之间，在这个时期，个人刚刚迈入社会工作，收入较低，但花销大；没有多少家庭负担，应重视的是自身的意外和意外医疗类保障。可考虑一定数额的定期寿险，万一发生意外，可得到充分的赔偿用于治疗和度过受伤后的难关，万一身故，也可为父母提供抚恤金用于晚年生活。若收入尚可，可考虑重疾险，毕竟"年纪越轻，保费越便宜"，这是购买寿险产品的最基本观念。如果有医保或单位能报销一部分，就可选择津贴类保险。

家庭形成期，指结婚到新生儿诞生的这段时期，一般1~3年，随着家庭的组建、子女的降生，经济负担加重；家庭总收入增长，并且事业处在上升阶段，生活开始走向稳定，这时候最大的家庭支出一般是房贷，要合理规划在自己的承受范围内，并且预留周转的空间。开始考虑子女教育金的准备，及早开始规划能减轻后期负担。夫妻对双方、对父母都承担着责任，可选择保障性高的终身寿险、附加定期寿险、意外险、重疾险和医疗险。另外，可以购买适量的两全保险储备孩子的教育费用以及自己年老以后的养老金。建议成年人（有家庭）的组合应以"终身寿险＋重疾险＋意外险＋医疗险"为主，如有条件，可考虑投资性保险。

家庭成长期，指子女从出生到完成大学教育这段时期，一般为18~22年，这个阶段生活与事业都趋于稳定，家庭成员没什么大的变化；只是孩子慢慢长大，父母慢慢变老，自己的身体机能越来越差。在这个阶段一般都已经有了一定的资产储备，应该要考虑的是提高投资资产的比例，逐年累积净资产。中年人承载着整个家庭的压力和责任，要考虑家庭、家人健康的双重保障，根据家庭状况选择适当的健康险就显得尤为重要。建议首选重疾险，同时，需为自己购买较高额的寿险、意外险和特种疾病险，再配合住院险和津贴型保险，万一发生意外，可使孩子和家庭得到经济保障。

家庭成熟期，这个阶段指子女工作到个人退休之前，一般为10~15年，在这个阶段，家庭稳定，子女独立，收入增加，支出减少，资产不断增加，负债不断减少；如果个人在这些年足够努力并且有一定机遇的话，可能已经实现财务自由了，没有实现的话也应该在这条路上接近终点了。这个阶段虽然一般事业已经处于巅峰期，但身体机能下滑严重，同时需要侧重于退休养老的准备，投资组合应该降低风险，获得更稳健的收益。

家庭环境在发生变化，保险的需求也在发生变化。国内的家庭往往保险意识不强，对保险需求不清晰。如已购买保险，不妨学习中国香港地区、日本等地居民的做法，在人生的不同阶段添置保险，并将保险定期整理。

## 4. 让你安心的家庭保险规划

保险工具分为保障型保险、储蓄型保险以及投资型保险。在满足客户家庭必要的保障额度的前提下，客户家庭保费的支出则可以根据投保人的实际情况来调整，不同的人生阶段、不同的财务状况、不同的职业类别，可以有不同的选择方式。比如，消费型产品与返还型产品的选择、保费交纳期限长短的选择、保障型产品和投资型产品的选择等。保险最大的功能其实就是保障，购买保障型的保险，实际上就是回归保险的本原。只有保障型的保险才能用较低的保费实现较高的保障，达到四两拨千斤的效果，避免各种风险对家庭财务造成巨大损失的风险。像意外险、重大疾病险、寿险都是我们应当优先满足的保障需求。特别是收入不高的家庭，应当尽量选择消费型的保险，比如消费型的意外保险卡、定期寿险、消费型重大疾病险等等。在完善家庭保障以后，再考虑储蓄型或投资型保险产品。

消费型保险好像租楼，有事有保障，没事无钱取，租约期满还会加租或断租。反之储蓄型带有储蓄功能，有事有保障，无事有钱储，供一段时间便可终身享受保障，像供楼一样。所以两者的保费差别很大，消费者可以根据自己的能力和需要选择。

消费型的重疾保险虽然便宜，但是需每年消费，而保险的保费是依据年龄而定的，年龄越大，保费越高，达到一定年龄后将不得续保；反之，储蓄型的重疾保险，不仅有储蓄的功能，而且终身受保，在年轻时购买保费便宜，只需缴纳一定期限，且保险的储蓄以复利计算，年限越长，回报率越高，所以消费者在选择重疾险的类型时，若财务能力允许，应优先选择储蓄型。

同时，根据家庭情况合理规划，大人应列为保险保障重点，孩子次之。

很多家庭都把孩子当成重点保护对象，经常为小孩买很多保险，这是买保险最容易犯的错误。其实对于孩子来说，父母才是他们最好的保障。如果孩子发生风险，这是情感损失，用再多保险赔款也无法替代，父母也不会因此中断收入。如果父母发生风险，收入就会中断，没有收入来源的孩子才是真的失去了依靠。

家庭经济支柱的保额要够"重"。从某种角度讲，大人本身就是一份"保险"，大人的保险保足了，才能护佑全家。从收入上来看，家庭经济支柱是"强者"，左右着一家人的生活品质，但是从家庭的角度来说，他们却是家庭风险的一个软肋。道理很明显，既然是家庭收入的主要来源者，一旦发生风险对家庭的打击最大，可能给整个家庭带来灾难性影响，相反如果他（她）能获得高额保险赔付，则能给家人留下一大笔生活费，并能一次性归还负债。

中国的父母总是以孩子为中心，保险也不例外。据调查显示，约有80%~90%的家庭给孩子买了保险，但是这些家庭中孩子的父母没有买保险的占了绝大多数。许多父母以为帮子女买了保险，就万无一失，却没想过是不是切合需求，钱到底有没有花在刀刃上。一个家庭的主要经济支柱是父母，万一父母出事的话，孩子未来的生活费哪里来？为子女买保险是长达一二十年的事，倘若父母中途发生意外导致残废，交不出保费怎么办？谁又能出钱缴纳其他保单的保费？因此家庭保险规划应该以大人为重、小孩为轻。如果先给或只给孩子买保险，其实对孩子和家庭的保障作用都不能达到最大。

明白了如何考虑保障对象之后，你还要学会规划险种和时间。

返还型的保险买时要慎重或者购买时不要那么急切，保险公司最擅长且无其他机构可替代的唯一性，就是提供风险保障。而返还型和投资型的理财工具，市场上有很多，不一定非要通过保险来实现相应的理财规划。因为这类产品的特点是定期返还投资回报，从保障的角度来讲意义真不是太大，如果先购买了这类产品，相对来说就是本末倒置。只有当家庭基本的保障充足了，家庭无负债且有闲置资金时，可以适当购买一些锦上添花。

健康险对于家庭经济支柱还是其他家庭成员来说，都很重要。医疗费用越来越高，一人患病拖垮全家的悲剧屡见不鲜，任何人遭遇到这种情况都会导致家庭财务失衡，因此及早投保健康险尤其是重疾险是上策。一来有备无患，二来趁身体好时投保，保费低还不易被拒保或者除外责任。另外，可考虑重疾险、防癌险与可报销社保外用药医疗险的组合，是对社保的有效补充。

一个家庭的保险规划并不是一成不变的，要在人生的不同阶段，适时对自己的保障计划进行调整。另外，保额也要随着时间的推移慢慢加大，今天的20万元可能还能治疗早期的重大疾病，20年后呢？20万元的价值可能与今天的1万元相当。所以，不要再说你已经买过保险了，最好每隔一两年做一次保单年检，查漏补缺。同时，买保险不能光听保险业务员的推销，更要靠自己去学习规划，学习相关保险知识、设计保险计划、挑选保险产品。一旦学会理财和规划，你自己就可以直接找保险公司进行投保。

## 5. 购买保险的基本原则

人们的财富结构一般形如金字塔，从下往上分别是：保险、储蓄、股票，对应的是安全性、流动性、收益性。很多人都拥有储蓄、基金、股票等项投资，但是往往忽视了最基础的安全性需要。安全性对投资的重要，就好比健康对于人的重要。保险需要的投资并不多，但可以为你个人和家庭买来未来的保障，保障你们的生活水平不会突然跌入社会底层。中国人对保险有抵触思想，这是因为害怕面对死亡，觉得小概率事件不会在自己身上发生。其实社会进步了，人的寿命延长了，但交通发达导致意外的概率却提升了。所以，保险是一项我们必须重视的投资和保障。那么，想要购买保险需要知道哪些原则呢？

（1）先意外后重疾

谁也不知道，意外和明天哪一个先到。一旦遭遇意外，家人生活谁来保障？意外险的保障范围：意外险提供生命与安全的保障，功能是身故给付、残疾给付。这也是对人生最坏后果的最直接的赔付。无论你是单身、两人世界或者三口之家，都需要对父母、爱人和孩子负责。能为自己投保一份意外险，或者是为家人投保意外险都是非常好的。在得到全面保障的条件下，还能迎来一份安心。意外险的好处就在于：1）是能够给买者充足的保障；2）是能换得买者的一份安心。这两大好处就足以说明人身意外保险的作用是非常强大的。要知道，身为普通百姓的我们，根本就不能够预测到哪一天我们将会发生什么样的意外，这是谁都不愿意碰上的，但也是无法避免的。保障以上这些内容的意外险一份年保费约为百元左右，保额为10万元至20万元。和年保费几千、几万的人身寿险相比，意外险就显得很划算了。

生老病死，其实这个顺序倒过来就是购买保险的顺序。一场大病，直接的医疗费用在30万元至50万元之间，康复后也会多少影响以后的收入能力，所以，购买一份重大疾病保险就非常有必要了。

（2）从小保单买起

对于经济条件不是特别宽裕的家庭来说，购买高额保单应该慎重。保险不是买得越多越贵就好，而是要力求均匀覆盖所有风险。不同类型的保险应分别购买，一份大保单不如若干小保单，分别覆盖终身寿险、大病治疗和人身意外。另外，买小保单还有一个讨巧之处。因为保险是一个长期计划，购买后退保会损失很多。而一个人的经济收入可能有起有落，今后收入提升可以选择加保或新买保单，万一收入降低，小保单缴费低也不会有压力。一张大额保单拆分为几张小额保单，在支付能力下降时，可以选择其中某张保单退保，而不致放弃整个保障计划，从而在总费用不变的前提下，增大了财务安全规划的灵活性和流动性。

（3）不买长期交钱的保险

因为通货膨胀的原因，现在如果每年每月交一笔2000元的保费，然后，等到八九十岁的时候，返还几十万给你，其实不划算。现在每月2000元，投个指数基金定投，说不定在股市涨上去时就能翻番，资金效率更高。年富力强时出问题、没收入对家庭影响最大啊，真到了50岁往上，只要好好工作，总是有别的积累和投资的吧，存啥投啥不能攒上个几十万？要用每月几千交十几年的长期保险来攒？所以，最好不买长期交钱的保险。

（4）不要法定受益人

重要的事说三遍！受益人千万不要选法定，要指定，简单的事最好。如果是法定，现行法律规定是配偶、子女和父母。涉及的人越多，需要的材料和手续越繁杂。除此之外，新的《中华人民共和国保险法》（以下简称《保险法》规定，如果是指定受益人，赔付的钱全额给受益人而不必先偿债。

（5）预算有限时先给家里最能赚钱的人买

谁是家中主要赚钱的人，就要先给他买足够的保险。买保险就是保支柱，如果把顺序弄反了，买给那些所谓最需要保险的人（一般家庭都给孩子先买），有事发生对家庭没有什么帮助，还有可能成为经济负担，因为不履行交纳保费的义务，其结果是保单失效。

（6）自上而下的原则

要买对险种。有些人买保险是因为自己的亲戚朋友在做保险，所以糊里糊涂就购买了一点，甚至不知道保的什么，然后就觉得够了；有些人呢，是看到身边的亲戚朋友都购买了保险，为了面子自己也买了一点，也不知道适不适合自己，只是凭着你买什么我就买什么的想法；更有些人盲目地给孩子买教育金，给自己买养老金以及购买些理财产品等等，这些都是不科学的。我们首先是应该给家人购买意外、意外医疗和住院医疗保障，这是每个人最基本的保障，犹如我们的社保；其次是购买大病和重疾保障，因为目前重大疾病的发病率高达70%，因此我们应首要考虑；接下来再购买养老保障金和子女的教育金；最后才是理财产品。但是很多人最先考虑的是投资理财产品，其实这种理念是错误的。

（7）保费及保额原则

也就是花多少钱购买多少保额的问题。保费就是客户每年交多少钱，保额呢，就是保险公司给客户的保障。客户每年缴纳的保费为家庭收入的

10%~20%是最合理的,如果超出的话也许会对您的生活有影响,这个就是保费原则。而保额原则说的是,在条件允许的情况下,最好购买足额的保障。这个足额的保额主要包括:目前我们所有的外债+平时的生活支出的费用+子女的教育费用(从入学到参加工作自立为止)+赡养父母的费用(直到父母百年以后),也就是说,假如我们发生不幸,能够保证我们的家人维持现状,生活不会受到影响,就算我们不在了,家人也可以每月有固定的生活费,孩子有足够的教育费,父母也能安然地颐养天年。

(8)互联网时代自己上官网买

你交的保费中,有保险经纪人的佣金,如果自己上网买这笔佣金就不用出。互联网时代,自助消费。消费型的保险简单直接,在官网大多有保费试算、案例和说明,大家应该都能看明白,购买时需要注意投保的职业要求和免责条款。

## 6. 保险有套路,搞不清楚别买

买保险已不是什么新鲜事了,越来越多的人意识到应该给自己的未来加一份保障。不过,总有保户反映,投保容易理赔难,而保险公司也委屈,自己是按保险合同办事的。为什么会出现这样的局面?当然,不排除个别业务员为完成业绩任务做出不负责任的承诺,但如果投保人对保险基本知识没有太多盲点,在投保时细致一点,这种情况或许可以避免。

案例1:有一位学员讲他的亲戚中风后无法讲话,幸好能听得懂,身体半瘫。要求保险公司理赔(在重大疾病险里有一条条款规定是丧失言语。注:言语机能的丧失是指因脑部言语中枢神经的损伤而患失语症)。保险公司拒绝理赔，理由是他还听得懂，有手语，还没有完全丧失言语。无法讲话又听不懂那是植物人，和死人有什么不同？原来重大疾病险是保死的，合同里的文字条款是不是可以多种解读呢？

案例2：保单里写着"原位癌不在保列"，这句话的意思是"癌细胞还没有扩散的病例不在保险责任范围"。保险合同为什么要用专业的医学名词"原位癌"呢？却不用通俗易懂的词句呢？癌细胞还没扩散之前你是不是要自己出钱治疗呢？如果花费几十万幸运地治好了，那么你买的保险有何用？如果治不好，癌细胞扩散了，马上要死了，保险公司才会给你二三十万，又有何用呢？

保险公司制订了诸如"原位癌不在恶性肿瘤的理赔之列，肾衰竭须双肾且不可复原"等保险条款。能得到保险理赔的重大疾病，大都是患者宁愿选择"安乐死"也不要什么保险理赔的情况。

合同中的文字游戏可以说是举不胜举。比如，按照某终身保险条款："心脏病（心肌梗塞）"。事实是心脏病不能和心肌梗塞划等号。心脏病的概念远远大于心肌梗塞。用括号把心肌梗塞放在心脏病的后面，心脏病（心肌梗塞）放到一起是个大陷阱。如果说心脏病有一百种，那么心肌梗塞只是一百种中的一种，同时，具备条款规定为心肌梗塞的三个诊断条件的只有心肌梗塞的十分之一。那么这种保障还能有多大呢？投保时按心脏病为你办理，索赔时按心梗办理。可见保险有一定的欺诈性。

看病是要花钱的，得了大病，更是要花大钱。所以越来越多的人选择了购买大病保险，都希望在自己不幸得病的时候，能从保险公司获得一些帮助。人们的愿望是简单而美好的，但是，我提醒大家：你所得的病，要符合保险条款规定的那些"大病"条件，还真是挺难的，在你有生之年能否获得理赔更是存在大大的疑问了。另外，随着医学科技的发展，有很多在保险合同上写着的治疗方式和方法已经或既将不再被医方所选择。所以啊，购买大病保险的时候，您最好去咨询一下医生，看看您的期望值离保险公司的承诺到底有多远。

从以上的几个例子中，我们不难看出，如果想要投保，不认真看合同条款，核对清楚合同中表述的内容，到时候被套、被坑的一定不在少数。寿险是这样，那保险的保本和收益性又如何呢？

在这里，我想讲以前看过的一个关于威尼斯商人开办保险公司的故事。

据说他通过多年的调查了解发现，出海航行的商船每年出险沉船的概率约为5%，于是，他开办了一家保险公司，保险费率为商船总价值的10%。他的保险业务很快红火起来。因为船主们虽然知道航海利润很高，但风险也很大，一旦沉船将倾家荡产。而如果买了那种保险，一旦沉了船就找保险公司赔偿；如果没有沉船，他也只是少赚10%的利润。因为航海贸易利润丰厚，10%的保险费他们乐意接受。

5年以后，有一个拥有100艘商船的大老板发现自己干了一件很愚蠢的事——因为5年来，他每年都给自己所有的商船买了保险。他的愚蠢之处在于他一个人就拥有100艘商船，每年沉船的数量（出险沉船的概率约为5%）都在4~6艘之间，而现在买保险，却相当于每年花掉了10艘商船的钱，买保险比不买保险还要多支出几艘船的代价啊！其实这是因为那个老板的商船已经足够多了，他已经足以做到自己为自己的财产保险了。

而人寿保险与上面的故事完全类似。现在，中国的一个"家庭经济共同体"一般不少于7人，即一对夫妇、两对父母加一个小孩。最少的"家庭经济共同体"也不少于3人。而出现英年早逝的可能性——1个人中出这种险的最大可能性为1人，2个人中出这种险的最大可能性也是1人，3个人中出这种险的最大可能性还是1人，100个人中出这种险的最大可能性仍然是1人。所以，基于投资能力和个人经济能力的考虑，如果能找到投资回报率超过5%的，可以不选择保险理财。

因此，在投保过程中投保人需要注意以下细节问题：

（1）留意保险条款中"责任免除"条款规定

我们以某保险公司的某寿险条款为例，该条款第五条是这样表述的：因下列情形之一导致被保险人身故、身体高度残疾或患重大疾病，本公司不负保险责任：

1）投保人、受益人对被保险人的故意行为；

2）被保险人故意犯罪、拒捕、自伤身体；

3）被保险人服用、吸食或注射毒品；

4）被保险人在合同生效（或复效）之日起2年内自杀；

5）被保险人酒后驾驶、无有效驾驶执照驾驶，或驾驶无有效行驶证的机动交通工具；

6）被保险人感染艾滋病病毒（HIV呈现阳性）或患艾滋病（ADIS）期间，或因先天性疾病身故；

7）被保险人在本合同生效（或复效）之日起一百八十日内患重大疾病、或因疾病而身故或造成身体高度残疾；

8）战争、军事行动、暴乱或武装叛乱；

9）核爆炸、核辐射或核污染及由此引起的疾病。

上述各款情形发生时，本合同终止。

因此，投保人在填写保单时必须认真阅读合同条款，避免日后出现争议。

（2）关注对"投保范围"的规定

一般情况下，任何一家保险公司的任何一款险种的保险条款中，都会规定"投保范围"。如果投保人与被保险人的实际年龄有误，或者投保人与被保险人没有《保险法》规定的保险利益，保险公司完全可以拒赔。

（3）观察期

在"保险责任"中,需要注意的是,会有一个观察期的规定,一般为180天,目的是防止恶意诈保的事件发生。在观察期内,被保险人发生意外,保险公司是不赔的。

(4)按时交费

如果投保人没有在规定日期交费,保险公司会给予一定的宽限期,一般是60天,在宽限期内发生意外事故,保险公司承担保险责任;宽限期后仍不交费的,保险公司会根据保单的现金价值自动垫付使保单有效,若垫付费用不足,则保单效用中止,再发生事故,保险公司则不承担保险责任。

(5)最大诚信原则

要求保险公司和投保人都必须履行"如实告知"的义务。对于投保人来说,一定要如实回答保险合同中列明的各项问题,可能你一个小小的"隐瞒",就会失去日后索赔的权利。通常,故意不告知的,保险公司对于合同解除前发生的保险事故不承担给付保险金的责任。

(6)签名

一般除了没有法定行为能力的人(如未成年人),投保人、被保险人、受益人都应该是亲笔签名,不要代签,哪怕是最亲近的人,也不要让保险业务员帮忙填写,以免日后出现纠纷。

# 第七章
## 债券——收益保障,稳健先行

下篇

投资理财工具篇——把握最有效的投资理财工具

## 1. 债券的缘起与本质

讲债券之前，我们先讲一个故事：

大强的亲弟弟小强找了个漂亮女朋友，可高兴坏了大强妈。

眼见着小强要结婚了，要结婚首先得有婚房，小强带着未来弟媳来向哥哥借钱了。

"哥，我们想跟你借五万块买房，现在是二月份，到了明年这个时候，我拿了年终奖，就还给你，利息按照 6% 给你。"

大强心里合计，弟弟从小学习成绩好，现在工作稳定，单位收入高，一年后还钱肯定没有问题。6% 的利息也不低，银行一年定期才 3.5% 的利息，银行保本的一年期理财产品也就 5% 利息。再怎么也是亲弟弟呀，于是就答应了。（注：分析债券，首先分析借债公司的偿债能力，然后再看利息。）

于是小强当场打下借条："小强今向大强借伍万元整，一年后还大强伍万叁仟元。"（注：这张借条就是债券。当然我们在交易所买的债券是政府、金融机构、工商企业等机构依照法定程序直接向投资者发行，并且承诺按一定利率支付利息并按约定条件偿还本金的债权债务凭证。）

1 个月后的一天，大强在家看投资圈分析报告的时候，突然接到父亲电话："小强媳妇怀孕了，本来是好事，可你妈一听到这消息太高兴了，心脏病犯了，医生说要赶快进手术室做心脏手术。"父亲很为难地又说道："我也知道你刚借了钱给小强，但你妈这病不能拖，你看能不能想点办法先凑点钱？"

大强安慰他父亲，让老人家先别着急，说自己再想办法，再怎么说也是亲妈。大强想来想去，家里唯一值钱的就是小强打的那张借条了，明天就找个人转让了，换回5万块吧。

第二天一早，大强就敲响了大院里老杨的家门。说完事情的来龙去脉后，大强拿出了那张借条。老杨笑而不语，翻出《投资早报》，指了指头版大标题，只见上面写着"好消息！某某基金公司一年期基金保本保息8%"。

大强顿时两眼一黑，心中升起一股郁结之气。他心里明白，小强的年终奖再可靠，也没有这家基金公司的信誉好。再说人家给8%的利息，小强才给6%。想要用借条向老杨换到钱，只有降低借条的价格！

最终，大强和老杨以4.8万元成交。（注：利率上升，债券价格下降；利率下降，债券价格上升，这里的利率指的是市场利率。）

这个故事讲的就是债券。

债券是一种有价证券，是社会各类经济主体因为筹集资金而向投资者发行的、承诺按一定利率支付利息并按约定条件偿还本金的债权债务凭证。

债券的本质是债的证明书，具有法律效力。债券购买者与发行者之间是一种债权债务关系，债券发行人即债务人，投资者（或债券持有人）即债权人。债券通常包括以下几个基本要素：票面价值、价格、偿还期限。

债券与股票同属有价证券，而且相对于股票几百年的历史来说，债券的历史要悠久得多。最早的债券形式是奴隶制时期即已产生的公债券。据文献记载，欧洲在公元前4世纪时就出现了国家向商人、高利贷者和寺院借债的情况。进入封建社会之后，公债得到进一步发展，许多封建主、帝王和共和国每当遇到财政困难，特别是发生战争时，首先想到的便是发行公债。12世纪末，在当时经济最发达的意大利城市佛罗伦萨，政府曾向金融业者募集公债。其后，热那亚、威尼斯等城市相继仿效。美洲被发现后，大航海时代拉开序幕，为争夺海外市场及海外殖民地而频繁进行的战争，使得荷兰、英国等迅速崛起的"小国"竞相发行公债，筹措资金。1600年设立的英国东印度公司是历史上最古老的股份公司，它除了发行股票外，也发行短期债券，并进行买卖交易。美国独立战争时期，也曾发行多种中期债券和临时债券，这些债券的发行和交易不仅助推了美国的独立，也形成了美国最初的证券市场。1830年以后，美国各州都普遍大量发行州际债券。之后，由政府担保的铁路债券迅速增长，有力推动了美国的铁路建设。与此同时，欧美资本主义各国相继进入垄断阶段，为加速资本积聚，各国股份公司开始发行大量的公司债券，并不断创造新的债券种类，最终形成了我们今天的债券体系。

中国真正意义上的债券是1894年甲午战争后，清政府为交付赔款而发行的"昭信股票"，名字虽然叫股票，实质上是公债，总额为白银1亿两。昭信股票发行并不顺畅，因为它从顶层设计上就出了问题，每百两白银为1股，因为投资门槛和持有成本过高，一般人也很难买得起。

现代意义上的中国债券市场从1981年开始恢复，发展至今共经历了实物券柜台市场主导时期、交易所债券市场主导时期和银行间债券市场主导时期。实物券柜台市场主导时期从20世纪80年代初至90年代初，这一时期的特点是发行很难，大部分靠行政分配的方式发行，普通者普遍将其视作长期储蓄存款的一种。这一时期还形成了全国性的二级市场，出现了著名的"杨百万"式的人物，主要盈利模式为套利交易。1992年至1997年为交易所债券市场主导时期，总体特征为尽管实现了无纸化和集中托管交易，但市场发展不协调，是不成熟的场内市场。1997年至今为银行间债券市场主导时期，其主要成就是形成了中国债券市场的目前格局，重中之重则是构建了三个有机分离的流通市场，即银行间债券市场、交易所债券市场和商业银行柜台债券市场。

## 2. 中国债券市场的发展

我国债券市场的历史最早可追溯到1950年，经过60多年的发展，我国债券市场已经成为我国金融市场的重要支柱，也逐渐在国际市场上占有一席之地。这期间，债券市场的交易由柜台交易为主发展到以银行间市场交易为主；债券的发行主体由国家、政府、大型国企、金融机构为主扩展到包括民营企业、中外合资企业、外资企业；债券的交易主体由以银行为主覆盖到其他金融机构、非金融机构；债券的品种由以国债为主丰富到地方政府债、企业债、公司债、金融债等；债券规模也由几亿元增长到现在的40多万亿元，仅次于美国和日本，位列世界第三。

根据第一文库网的资料，债券二十多年发展历程，可以分为以下几个阶段：

（1）自发阶段

1984年开始，有些企业开始自发地向企业内部职工集资或者向社会公开发行债券，但公开发行的次数和范围都很有限。企业债券交易市场于1986年开始出现，沈阳市信托投资公司是第一家办理债券买卖、转让业务的区域性市场，其性质属于柜台交易市场。统计资料显示，至1986年底，企业债券累计发行规模达100亿元左右。当时的企业债券大多属于内部集资性质，"由于对股票、债券缺乏统一管理等原因，致使集资规模缺少宏观控制；投资重点没有放在国家急需的建设项目上；有些地方借发行股票、债券乱拉资金，盲目建设、重复建设，扩大了计划外固定资产投资规模；有的强行摊派，使企业和群众难以承受，并助长了不正之风"。

（2）初步发展阶段

随着企业债券的发展、"乱集资"等问题的出现，政府开始对企业债券管理进行研究。

1987年3月27日，国务院颁布实施《企业债券管理暂行条例》，开始对企业债券进行统一管理。主要内容有：①只有境内具有法人资格的全民所有制企业可以发行企业债券；②中国人民银行是企业债券的主管机关，企业发行债券必须经中国人民银行批准；③企业根据投资项目的特点和市场需求情况，经批准可以发行以本企业产品等价清偿本息的债券；④企业发行债券的总面额不得大于该企业的自有资产净值；⑤企业为固定资产投资发行债券，其投资项目必须经有关部门审查批准，纳入国家控制的固定资产投资规模；⑥债券的票面利率不得高于银行相同期限居民储蓄定期存款利率的40%。

这一阶段中，国债市场化进程正在不断深入，流通市场也在逐步形成，上海、深圳的证券交易所先后成立，股票市场开始建立并发展，交易所债券市场也开始运行。而1992年国务院证券委和中国证监会的成立则标志着中国资本市场开始逐步纳入全国统一监管框架，全国性市场由此开始发展。

（3）清理整顿阶段

1993年8月2日，为加强对企业债券的管理，《企业债券管理条例》颁布实施，其核心主要是发行计划规模管理、募集资金投向纳入固定资产投资计划、具体发行采取审批制等。主要特点有：①企业进行有偿集资活动，必须采取企业债券方式进行；②扩大了发行人范围，具有法人资格的企业都可以发债；③进一步加强了计划管理；④严格企业发债的规模要求和财务状况，提出三年业绩条件，强调了偿债要求；⑤提出了发行债券要信用评级；⑥企业债券资金不得用于房地产、股票买卖和期货交易；⑦购买企业债券所得利息必须纳税；⑧取消了以本企业产品等价偿债的做法。

1994年，根据《企业债券管理条例》规定，大部分企业债券品种都被取消，只留下中央企业债券和地方债券两个品种，并且这些债券的发行主体多为大型国有企业集团，资金投向也主要集中在道路、水电、能源等基础设施和公用事业项目上。企业债券由此陷入低谷，发行数量和发行种类都减少了，当年仅有国债、政策性银行金融债、企业债三种债券发行，其中国债占总发行量的73%，金融债券主要是政策性银行面向金融机构发行，作为企业融资重要手段的企业债券则不断萎缩，发行量占债券市场发行量的比例越来越小。1994年仅安排了45亿元的地方企业债券发行计划，但当年实际发行规模仅为38.4亿元。

（4）持续发展阶段

1996年和1997年，上海、深圳的证券交易所分别允许面值在1亿元以上的债券在交易所挂牌交易，并出台了《企业债券上市规则》《企业债券发行与转让管理办法》等规定，使企业债券的发行和流通进一步有规律可循。为防止信贷资金违规进入股票市场，1997年6月6日人民银行下发了《关于各商业银行停止在证券交易所证券回购及现券交易的通知》，要求商业银行全部退出交易所市场，同时建立了全国银行间债券市场。

这一阶段中，虽然取消了只有国有企业可以发行企业债券的要求，但在这期间实际上只有2家民营企业发行了企业债券，其余仍均为国有企业。其间也实行了一些如企业债券评级制度、发债企业资产抵押和担保人制度、受托人制度等，但均未能改变企业债券具有的准政府债券性质，而且市场规模较小，流动性较弱，成交量也低。

（5）规范发展阶段

2000年以后，中国人民银行不再直接参与企业债券的发行管理工作，而由国家计委统一负责。在国家计委的主导下，对企业债券发行管理也采取了一些市场化、规范化的改革，企业债券市场化程度有所提高。由于经济环境的不断变化，原国家计委（现国家发改委）从 2000 年起开始拟订新的《企业债券管理条例》，却一直未能出台。2004 年 6 月 21 日发布的《国家发展改革委关于进一步改进和加强企业债券管理工作的通知》对企业申请发行企业债券的条件、批准企业债券发行规模的程序、批准企业债券发行方案的程序、企业债券的担保、参与企业债券发行的中介机构的资格、企业债券的信息披露等进行了详细规定。该文件已成为现阶段企业债券发行管理的指导性文件。

## 3. 国债不等于铁定赢利

国债是指国家为筹集资金以其信用担保向投资者出具的债权凭证，由中央政府承诺在一定时期支付利息和到期偿还本金。国家是国债的发行主体，国家可以通过财政税收或者发行新债等筹资方式偿债，所以国债具有极高的信用度，没有违约风险。一般来说，购买国债并持有到期的投资人可以"无风险"地收获定期的票息和到期的本金，国债被称为"金边债券"，但这并不是说投资国债没有风险。国债作为债券的一种，"无风险"指的是国债没有违约风险或者违约风险极低。但就市场风险而言，国债并不能幸免，这意味着投资国债未必一定会赢利。

现在我国国债投资者接触比较多的国债主要有两种：一种是储蓄国债（凭证式国债），一种是记账式国债。凭证式国债和记账式国债在发行方式、流通转让及还本付息方面有不少不同之处，购买国债时，要根据自己的实际情况来做出正确选择。

（1）储蓄国债（凭证式国债）

主要通过银行渠道发行，有点类似定期存款，可以在到期前支取，但会损失一定利息。在许多国家，国债因为其安全性高，因而利率低于同期限的银行存款。在我国因为银行存款的大众普及率高，存取方便，所以有时国债利率反而略高于同期限的银行存款，因而储蓄国债（凭证式国债）是银行存款较好的替代品之一。

储蓄国债（凭证式国债）收益还是稳定的，在超出半年后提前支取，其利率高于提前支取的活期利率，不需支付利息所得税，到期利息高于同期存款所得利息。所以，储蓄国债（凭证式国债）更适合资金长期不用者，特别适合把这部分钱存下来进行养老的老年投资者。

（2）记账式国债

又名无纸化国债，是由财政部通过无纸化方式发行的、以电脑记账方式记录债权并且可以上市交易的债券。

记账式国债以记账形式记录债权，通过证券交易所的交易系统发行和交易，可以记名、挂失。投资者进行记账式证券买卖，必须在证券交易所设立账户。由于记账式国债的发行和交易均无纸化，所以效率高，成本低，交易安全。记账式国债根据不同的年限，有不同的付息方式，一般中长期的记账式国债，采用年付或半年付，这些利息可以用来再投资，相当于复利记息。这对于长期的国债，也是一笔不小的投资收益。记账式国债的价格，完全按市场供需及市场利率决定，当市场预期利率上升时价格下降，市场预期利率下降时价格则上升。如果在低价位购得记账式国债，既享受了价差又享受了高利率。

一般，记账式国债随着上市时间的推移，其净值波动幅度也会越来越小，直至投资国债持有期满，收益也将趋于稳定。其收益率受市场的供求关系影响而上下波动。对于投资者而言，尽量避开国债净值多变的时段进入购买，即可将自己的投资风险控制在最低。

记账式国债不能提前支取,但是可以卖给其他人,主要交易渠道有银行和证券交易所。提前兑现时,仅需支付少量交易手续费,仍可享受按票面利率支付的持有期利息。如果价格没有大幅下跌,投资者不仅不损失原价也不损失利息。

记账式国债更适合做3年以内的投资理财产品,而且收益性与流动性都强于凭证式国债。如果时间较长的话,一旦市场有变化,下跌的风险很大。对此,年轻的投资者对信息及市场变动非常敏感,所以记账式国债更适合年轻投资者购买。

此外,投资者投资前还要注意国债的分档计息规则。以第五期凭证式国债为例,从购买之日起,在国债持有时间不满半年、满半年不满1年、满1年不满2年、满2年不满3年等多个持有期限分档计息。因此,投资者应注意根据时段来计算、选取更有利的投资品种。

值得注意的是,在投资市场上,股市与债市存在一定的"跷跷板"效应:每当股市下跌时,国债价格上扬;每当股市上涨时,国债下跌。所以,投资国债也应该密切关注股市对国债行情的影响,以便做出正确决策。

虽然债券技巧不如股票操作那么复杂,但要注意3点:

(1)上午利率常常比下午高。观察一下4天以内短期国债品种的K线,你可以发现阴线比阳线多。这是因为许多股民本来打算用这些钱买股票,但看了半天,实在没有好的股票交易机会,于是下午这些钱都来买国债"赚个烧饼钱",从而压低了利率。所以,上午买短期国债一般比下午买好。

(2)节假日之前资金比较紧张,利率一般比较高。如2012年12月31日1天期国债利率最高冲到30.002%,2天期最高14%,3天期最高9.2%等。所以,节假日前一两天的"有肉"行情尽量不要错过。

(3)周五买1天期国债不合算。国债的期限是按照"自然日"计算的,而交割日是按照工作日计算。如果周五买1天期国债,下周一这笔钱才能回到股票账户，但你只拿到 1 天的国债利息，周六和周日的"活期利息"就没有了。为了弥补这一点，周五的 1 天期国债利率一般高一些。

最后，对于特别喜欢折腾，不愿意放过每一天的股票操作的股民来说，做 1 天期国债是个不错的选择。1 天期国债的交割是个特例，资金第二天就能用。例如，你周二下午两点买入 1 天期国债，经过一个晚上，现金又回到你的账户，周三上午 10 点你仍然可以用这笔钱买股票。这也正是 1 天期国债特别活跃，其交易量超过其他各品种国债交易量总和的原因。

## 4. 方兴未艾的公司债券

公司债券是指由公司制企业发行、由证监会监管、采用核准制发行、期限可以在 1 年以内的有价证券。公司债券可以公开发行，也可以非公开发行。

在国外，没有企业债和公司债的划分，统称为公司债。在我国，企业债券是按照《企业债券管理条例》规定发行与交易、由国家发展与改革委员会监督管理的债券，在实际中，其发债主体为中央政府部门所属机构、国有独资企业或国有控股企业，因此，它在很大程度上体现了政府信用。公司债券管理机构为中国证券监督管理委员会，发债主体为按照《中华人民共和国公司法》设立的公司法人，在实践中，其发行主体为上市公司，其信用保障是发债公司的资产质量、经营状况、盈利水平和持续赢利能力等。公司债券在证券登记结算公司统一登记托管，可申请在证券交易所上市交易，其信用风险一般高于企业债券。2008 年 4 月 15 日起施行的《银行间债券市场非金融企业债务融资工具管理办法》进一步促进了企业债券在银行间债券市场的发行,由此,企业债券和公司债券成为我国商业银行越来越重要的投资对象。

公司债券作为一种"证券",它不是一般的物品或商品,而是能够"证明经济权益的法律凭证"。"证券"是各类可取得一定收益的债权及财产所有权凭证的统称,是用来证明证券持有人拥有和取得相应权益的凭证。

另外,公司债券是"有价证券",它反映和代表了一定的经济价值,并且自身带有广泛的社会接受性,一般能够转让作为流通的金融性工具。因此,从这个意义上说,"有价证券"是一种所有权凭证,一般都须标明票面金额,证明持券人有权按期取得一定收入,并可自由转让和买卖,其本身没有价值,但它代表着一定量的财产权利。持有者可凭其直接取得一定量的商品、货币或是利息、股息等收入。由于这类证券可以在证券市场上买卖和流通,客观上具有了交易价格。

个人投资者可通过竞价交易系统买入、卖出公司债券和企业债券,但应关注以下事项:

(1)个人投资者在市场上买卖债券现货,必须事先指定一家证券公司作为其买卖债券的受托人,签订全面指定交易协议,通过证券公司参与债券买卖。

(2)个人投资者可以通过证券公司选择现场委托、电话委托或网上委托等方式买卖债券现货。

(3)个人投资者从事公司债券现券交易通过证券账户进行申报,实行净价交易、全价结算。

(4)买卖公司债券和企业债券现券的交易时间为:开盘集合竞价时间为 9:15—9:25,连续竞价时间为 9:30—11:30 和 13:00—15:00。

个人投资者通过竞价交易系统进行公司债券和企业债券现货交易申报时应注意哪些事项?

个人投资者通过集中竞价交易系统申报公司债券现货交易时，应当注意下列事项：

（1）以"张"为计价单位，即"每百元面值债券的价格"。

（2）以"手"为交易单位，每次交易最小数量是1手，以人民币1 000元面额为1手（10张）。个人投资者应以1手或其整数倍进行申报，单笔申报的最大数量不能超过1万手。

（3）申报价格最小变动单位为0.01元人民币。

（4）实行净价交易、全价结算，即买卖债券时，以不含有自然增长应计利息的价格报价并成交，以成交价格和应计利息额之和作为结算价格。

## 5. 债券型基金的优势

以国债、金融债等固定收益类金融工具为主要投资对象的基金称为债券型基金，因为其投资的产品收益比较稳定，又被称为"固定收益基金"。一般来说，公募债券型基金不收取认购或申购的费用，赎回费率也较低。

债券型基金分为以下几种：

（1）纯债基金，只能投债券。纯债基金又可以分为短期纯债基金和中长期纯债基金。短期债基主要投资短期固定收益品种，受利率影响比较小，波动也小，收益比货币基金高；长期债基主要投资长期的债券，长期收益更高，但受利率影响比较大，波动也大。总体而言，它们比定存有更高的收益率，不容易亏本，算下来还是比较稳定的。

（2）一级债基，可投债券和参与一级市场新股申购，现在基本等同于纯债基金。除了投资债券外，还可以打新股。因为有打新股收益，一级债基年景好的时候，收益也很可观。不过长期来看，平均年化收益率在10%以上就算比较好的了。

（3）二级债基，可投债券和在股市二级市场投资。现在，很多债券基金是二级债券基金，也就是有20%的资金投资股票，所以股市的波动也会对债券基金净值产生影响。当股市行情好时，二级债基可以给你带来20%以上的收益。在股市低迷的时候，债券基金的收益仍然很稳定，不受市场波动的影响。因为债券基金投资的产品收益都很稳定，相应的基金收益也很稳定，当然这也决定了其收益受制于债券的利率，不会太高。企业债券的年利率在4.5%左右，扣除了基金的运营费用，可保证年收益率在3.3%~3.5%之间。

债券型基金还具备以下优势：

（1）流动性强

只有比较了才会有优势，跟只有到期才能兑现的非流通债券相比，债券基金有很高的流动性，随时可以将持有的债券基金转让或赎回。

（2）安全性高

债券型基金不论是投资于政府发行的债券，还是公司发行的债券，都是按照规定支付利息的，而且最终要归还本金。从这一点来看，比股票型基金具有更高的安全性。

（3）收益稳定

因为债券型基金投资的产品收益很稳定，所以相应的基金收益也很稳定。即使是在股市低迷的时候，其受市场波动的影响较小，收益也很稳定。所以，我们可以在股市下跌时，将股票型基金转换成债券型基金。

（4）投资灵活

作为普通投资者，如果我们想加入银行间债券、企业债券等产品，其实难度还是很大的，因为一般的债券都有最低投资额的限制。但是，债券型基金就可以帮助我们实现。

同属债券型基金,但产品的种类仍有一定差异,投资者可以根据自己的风险承受能力选择相应的产品。要想发挥其分散风险的作用,就必须合理配置债券型基金,具体而言,有以下几个方面:

第一,要理解自己的投资目标和风险承受能力,确定债券投资配置占全部资产的比例。风险承受能力较低的稳健性投资者可以配置超短期债基或者纯债债基。

第二,要理解债券基金的基本特征,尤其是债券投资组合在信用级别和期限上的分布构成。投资组合的信用级别越低,基金的收益率越高,债券发行人违约的风险就越大。同时,投资组合期限越长,基金面临的利率变动的风险就越大。这种说法比较学术,简而言之,就是说收益率越高的债基往往对应的风险也较高。债基的收益率曲线往往呈现曲折上扬的趋势,长期而言,债基收益率可以满足绝大部分投资者的要求。

第三,则是了解基金经理的专长,只将资金托付给那些具有良好风险控制能力、历史业绩连贯持续的投资经理。投资者可以查看这些基金经理的历史业绩,从历史业绩和以往经历窥探一二。

第四,要定期评审投资组合,并在必要时及时调整投资在债券基金上的资金配置。这个就需要投资者多观察市场行情,选择一个合适的投资平台。

## 6. 如何规避债券风险

只要涉及到投资,一定会伴着风险,即便是最稳妥的债券也会有相对的风险产生,所以,投资之前学会如何规避债券风险才是理智的投资者。

债券的风险是指一个公司在公司债券发行、流通以及偿还等一系列过程中因为诸多不确定因素而产生的公司债券本身以及对整个社会经济运行所造成的负面影响的可能性。概括起来,公司债券的风险有以下几类:

(1)利率风险

债券的价格与市场利率变动密切相关,且呈反方向变动。当市场利率上升时,大部分债券的价格会下降;当市场利率降低时,债券的价格会上升。通常,债券的到期日越长,债券价格受市场利率的影响越大。与此类似,债券基金的价值会受到市场利率变动的影响。债券基金的平均到期日越长,债券基金的利率风险越高。

应采取的防范措施就是分散债券的期限,长短期配合。如果利率上升,短期投资可以迅速地找到高收益投资机会,若利率下降,长期债券却能保持高收益。总之,一句老话说的是"不要把所有的鸡蛋放在同一个篮子里"。

(2)信用风险

信用风险是指债券发行人没有能力按时支付利息、到期归还本金的风险。如果债券发行人不能按时支付利息或偿还本金,该债券就面临很高的信用风险。投资者为弥补低等级信用债券可能面临较高的信用风险,往往会要求较高的收益补偿。一些债券评价机构会对债券的信用进行评级。如果某债券的信用等级下降，将会导致该债券的价格下跌，持有该债券的基金的资产净值也会随之下降。

避免信用风险最直接的办法就是不买质量差的债券。在选择债券时，一定要仔细了解公司的情况，包括公司的经营状况和公司以往债券支付情况，尽量避免投资经营状况不佳或信誉不好的公司债券，在持有债券期间，应尽可能对公司经营状况进行了解，以便及时做出卖出债券的抉择。同时，由于国债的投资风险较低，保守的投资者应尽量选择投资风险低的国债。

（3）提前赎回风险

当市场利率下降时，债券发行人能够以更低的利率融资，因此可以提前偿还高息债券。持有附有提前赎回权债券的基金将不仅不能获得高息收益，而且还会面临再投资风险。

针对价格变动风险，投资者应尽量选择交易活跃的债券，如国债等，便于得到其他人的认同，冷门债券最好不要购买。在投资债券之前也应考虑清楚，应准备一定的现金以备不时之需，毕竟债券的中途转让不会给持有债券人带来好的回报。

（4）通货膨胀风险

通货膨胀会吞噬固定收益所形成的购买力，因此债券基金的投资者不能忽视这种风险，必须适当地购买一些股票基金。

对于通货膨胀风险，最好的规避方法就是分散投资，以分散风险，使购买力下降带来的风险能为某些收益较高的投资收益所弥补。通常采用的方法是将一部分资金投资于收益较高的投资方式上，如股票、期货等，但带来的风险也随之增加。

# 第八章
# 股票——勇敢者的游戏

下篇

投资理财工具篇
——把握最有效的投资理财工具

## 1. 心急火燎，越炒越少

中国有句俗话叫"心急吃不了热豆腐"，炒股同样也不能操之过急。股票是一种高风险、高收益的投资渠道，但很多炒股的人说散户进入股市就是后悔的开始，因为大家赚钱都比较心急，不想错过任何一个赚钱的机会，希望T+0，希望股市24小时开放。可是，哪怕股市真的都开放了，散户又有几个能赚钱的呢！回头看看，每天那么辛苦盯盘，是不是每波行情都抓到都赚到钱了呢！大部分能赚钱的操作都是自己有一定操作计划的，而大部分亏损的都是自己碰运气的。大家常常把股市比喻成赌场，除了股市自身的缺陷外，你自己还不是来股市赌运气的吗！如果你自己有操作计划，可能胜算要高一些。所以，不要担心股市没有赚钱的机会，不要担心钱会跑了，只要你有好的操作方法，股市的钱就会等你去拿，否则就是急死了也是去股市送钱。

股市的"炒"字很有说头，一着急上火，钱就变少。我也在股市里摸爬滚打过，知道其中的利害。刚入股市时，抱着发大财、发快财的欲望，整天盯着涨停板的股票，把每天涨幅前20名的股票放到自选池中，时时跟踪。也追过开盘后，前10分钟就进入涨停板的股票。这样操作了一段时间，总体还是亏钱。因为心急，看见拉升的股票就追，认为它还能往上窜，结果还是赢少亏多；见着强势股就持有它，可它后来却来个补跌，结果又是损失不少。这样炒了有一两年，自己就开始反思问题出在哪儿？后来，我觉得，各种股票能走出各个不同图形，除了它的个性外，更重要的是，有它的内在原因。只有当大盘的环境适合时，各股表现才不一样。只有"条件"具备了，才能产生"共振"，才能出现"涨停"和"长阳"。于是，我就把精力转到分析大盘、把握大盘上。成天研究图形、研究趋势，研究"顶"和"底"的形态，真是看图啊！别人也说我，说周老师就是爱学习，可谓是废寝忘食。研究各股的筑底、洗盘、拉升、出货的全过程。

即使这样钻研，心急还是赚不到钱。当一只股票在底位，你虽然介入了，但你没耐心也不行。有时它拉个长阳，你出来了，就去追另一只股，可这只股就是不涨，你耐不住性子就出来，可你原先出来的那只股却拉升了，你一旦追进，它反而回调，使你左右挨耳光。当你接受了这种教训后，你在底部就耐心持股。可当一只股从底部拉起，你小有收获，你害怕了，你出来了，它却一飞冲天，创了新高。当你接受教训，又买一只股，这次你死捂住不放，可它，拉拉跌跌，跌跌拉拉，你有喜有忧，就这样把你心都震出来了，你经受不住洗盘，还是出来了。当你经过洗盘阶段，股票节节攀升，你又耐不住性子，又追进去。各个指标都高了，进入了高风险区，因为你急着赚钱，你对风险信号视而不见，还找各种理由为自己辩解。当大盘变脸了，一根长阴在你面前，你傻眼了。趋势已发生根本改变，你还存在幻想，该止损你不止损。经过这次教训，你在另一次的下跌中，早早就在顶部出来了。这些都是因为急着赚钱，不能冷静分析盘面，不能制定自己的投资计划，不能应对变化着的市场。

炒股不能急，不能光凭着自己的欲望炒股。大盘和个股有其自己的运行规律，我们应认识它们的规律和特点。只有认识了它们的"势"，我们顺着它们的"势"走，才能赚钱。而这里对"势"的认识，和对它的运动中的波动把握是需要技术和看盘功底的。当你的水平还达不到时，只能挣你能把握的机会，否则就要造成损失。所以，还是先学会走，再学会跑，先挣点慢钱，再学着挣快钱。快手是在慢手的基础上练出来的。

投资不可急功近利，这是一个长期的大学问，需要端正心态。如果想一夜暴富，瞬间成功，往往就成了赌徒心态，没见哪个赌徒能笑到最后的。综观 A 股投资史，长线投资者寥寥无几，赌消息、赌重组、控盘狂拉，等等，可以说短期投机成风。为什么会这样？道理很简单，所谓的长线投资让人看不到前景，因为我们没有一个能让 A 股长期走牛的保障机制，无论是核心认识还是政策制定上，都很飘忽，因此难免让人有过把瘾就死的疯狂。我们很多人口头上说要学巴菲特，其实暗地里都说股神 50 年每年投资回报率才 19% 是傻子，还不如一个 A 股公司两天涨停的收益。于是，没人去潜心研究基本面，追涨杀跌，不亦乐乎。所以，才会出现股市上说的那种"一盈二平七亏"的惨淡局面。

如果我们能够先把心态练好，在炒股的时候，当盈则盈，当止则止，该入市就入市，不适合的时候坚决不进场，做到不懂就学，永远不急着冒险，想钱想到不顾一切，我相信，每个人都可以在股海里搏击。要时刻谨记：投资不是赌博，股市的赚钱机会是给耐得住性子的人准备的。

## 2. 理财不是发财，股市不是赌市

很多不炒股的人都认为股市就是赌市，与猜拳、下注没什么不同。其实不然。诚然，对于炒股来说，运气确实很重要，但是如果只靠运气，终归是要输的。炒股的人都知道这样一个数字，10 个股民里 1 人赢，2 人不输不赢，7 人输。那么如果是赌博的话，一定是这回这人赢，下回那人赢，风水轮流转嘛。但实际情况却是赢的总在赢，输的总在输，这说明运气并不是第一位的，而心态和技术应该是取胜的关键。

炒股作为理财的一种，很多人认为，理财就是发财，就是让自己暴富。

那么，在进入股市的时候就有了"发财、暴富"这样先入为主的观念。一旦抱着这样的念头，人就会变得不理性，甚至会出现贪婪之心。有些人拿着一生积蓄的财富，甚至借钱、卖房去炒股，如此一来，就偏离了理财的正确轨道，而是把股市变成了赌市，恨不得一下子下个大注，赚个盆满钵盈。但是，你要永远记住，你惦记着人家的回报，人家惦记着你的本金。这世界上，从来就没有无风险的高收益。你追求的高收益背后隐藏着的风险，往往是你承受不了的。

理财的第一个意义是守财，理财的首要目标是保护你辛苦所得的财富。这个世界上，风险太多。近20年来，中国的金融市场超常规发展，20年走过了西方国家一百多年才走完的路。金融产品的种类以几何级数般发展，每天都有新的金融创新出现。这也直接导致了金融市场的波动日趋增强。2015年，我们真正见识到了带杠杆的股灾是什么样的——只需三个星期，就可以让一个家庭30年积累的财富化为乌有。

理财的第二个意义是稳定增财。我经常对我的学员和朋友讲，设定好自身的收益目标，不要盲目追求高收益。长期内争取跑赢通胀，不损失财富的购买力，这是最低目标。千万不要设想用自己那点儿钱一年赚10倍，三年赛过马云、刘强东。在设定目标之后，采用资产配置的方式分散投资风险，是追求长期稳健收益的最佳方式。这就涉及大类资产的选择和比例安排，还有具体标的的选择。这也是专业的事情，而且非常个性化，应当征询专业人士的建议。在避免破财的同时寻求稳定增财，保护你辛苦所得的财产，这才是真正的理财。如果你明白了这个道理，你就知道，凡是给你描绘通过理财发家致富前景的人，统统都是骗子。

大家都想追求财富的快速增长，追求超高的投资回报，但其实投资和理财更追求长期的、持续的、稳定的回报。比如，巴菲特能持续多年保持20%以上的投资回报，累加下来就非常不得了。有些个人炒股票，短期获得回报率可能是100%，但你能说他比巴菲特厉害吗？不能，因为他无法持续。所以，提高财商的真正目的是，不但在股市里存活下来，还能持续赚到钱。如果你做不到以下3点，那么最好远离这个市场，去寻找更稳健的投资。

（1）进入股市之前就要做好亏损的准备。无论什么市场，即使是几年一次的牛市，最终能赚钱的人也只有10%左右，90%的投资者都会赔钱，所以要做好准备自己就是那90%里面的人。

（2）每天都得花费一点时间去学习、复盘。交易无止境，任何一种方法都无法保证绝对赚钱。如果只是抱着玩玩的态度，那么最后的结果就是没有结果。

（3）要学会独立思考，有的人喜欢听取别人的意见，整天活跃在网上或者微信群里，寻找一些股评师的意见，或是直接找人要股票。投资要靠自己独立完成，即使选到某只好股票，这类人又能持有多长时间呢？

那么，我们具体应该怎样做呢？

首先是态度。要正确对待理财，别把理财当成发财，投资不是赌博，也不是闲着没事干的无聊之举。多数人还是会把股市当成赌场，虽然他们嘴上绝对不会承认这一点。所以请把每一次投资当成最后一次来看待，谨慎是活下去的唯一途径。

其次是付出精力。在职场不努力付出，可能就和升职加薪无缘；创业不付出努力，有可能公司会经营不下去。炒股同理，有多少人愿意静下心来研究上市公司年报以及一个冷门的知识，很多人亏损的时候抱怨，满世界地寻找老师。其实这些财报和盘面是最好的老师，掌握了知识和方法，才能立于不败之地。

最后是执行力。像上述第三类人已经具备了在股市生存下去的能力，但执行力不够让他们不能稳定盈利。其中，贪婪、恐惧是投资者最大的敌人，这些负面情绪影响了我们的判断力和执行力，所以要制定一套规则强制自己执行。

## 3. 散户到底有没有未来

在股市里，有两股力量：散户和机构。要想说明散户到底有没有未来，我们先得分析一下散户与机构，看看机构相比散户的优势在哪里，只有这样，才能做到"知己知彼，百战不殆"。哪怕散户干不过机构，最起码也要知道自己是如何死的。

（1）投入的资金量不同

机构是结合了众多的散户资金进行投资，它们是大型的企业、银行、基金公司、专业投资团队，手里握着几个亿都是小意思。而一个散户平均下来几十万了不起了，几十万对普通投资者已经不是小数目。如果是一般的工薪阶层或中产阶级要投几百万到股市里面，自己不疯家人也会疯掉。所以，散户首先没有充足的资金量。资金量的多寡会决定投资结果的不同。如果我们把炒股当成打仗，打胜仗的前提是什么？当然是兵马粮草。散户都是单兵，还是民兵，没受过专业训练，而且子弹非常有限。机构的兵都是专业出身，哪怕有选错的时候，死掉一次后面还有很多粮弹精兵可供调遣。而散户呢？只要死一次就大伤元气，有的干脆弃甲逃跑，有的即使还敢恋战也变得战战兢兢。所以，资金量是衡量散户和机构实力的唯一硬指标。

散户只有明白自己的资金劣势，那么进出场时机就要慎重选择。进出场的时机很重要，要学会游击战，而不是硬冲硬拼。如果你先懂得这个道理再进股市，相信你在股市就不会死得这么快，一定能保存实力。

（2）持股时间不同

机构的钱大部分来自股东的共同资金，或者客户的理财资金。机构在股市从布局到实战需要调研，需要多方面综合考虑，资金量大，折腾不起。快进快出手续费也是一大部分。所以，机构持股短则一年，长则几年。机构有机构的规矩，这跟机构的整个体系有关系，不是随便决定的。它们的风格是长远投资，实现利润最大化。

散户之所以散，是因为大部分都追求快，见好就收是散户的通病。有句话说得好，炒股死掉的有两种人：一种是赚小钱赔死的，一种是渴望赚大钱不割肉套死的。快进快出看似赚了一点儿钱，但要想在股市长久生存下去，必须选定好股票，并且持有时间还必须长，明明能吃肉就不要喝点汤就满足，但散户没经验，觉得赚这一点就够了，赚了赶快走人。

（3）持股数量

机构有一套理论支持，他们既能把鸡蛋放在一个篮子里，稳稳护住篮子让鸡蛋生鸡宝宝，又能分散投资，把鸡蛋放在不同的篮子里。所以，机构追求的是优良股票，未来预期大的那种有业绩支撑的龙头。哪怕目前还不是龙头，总有一天会变成龙头。机构总会精心地挑，把大量的精力用在研究少量的股票上，才能做到选优股，赚未来升值的钱。

散户股民大多数持有多只甚至几十只股票，他们奉行一个道理，不把鸡蛋放在一个篮子里。其实，买多只股票并没有把鸡蛋拿出篮子，只是把原有的小篮子变成了多只股票组成的大篮子，一旦股指下挫，不管几只股票都会掉头。

（4）感性与理性

散户入市之前是非常感性的话，会导致他们做任何投资都只凭感觉。感觉来自股指上涨，散户们就很乐观，继续等着看突破更高点；感觉来自街头巷尾人们都开始议论股票，自己按捺不住了；感觉来自听了某些小道消息，或是其他股市里的朋友的"内部消息"；感觉来自所谓的股评专家的预测，所以就成了他们买入的理由。而机构则不然，任何一次投资布局，都会有专业的投资人进行综合分析、调研，确保做到盈利最大化。

（5）理论依据

很多散户是不看数据的，他们大部分是听小道消息，殊不知，很多时候这些小道消息是机构用来迷惑散户故意放出来的呢！而机构却是在充分研究的基础上，分析数据，分析财务报表得出合理依据。

我们分析了以上五点机构与散户的不同，是不是非常沮丧，认为散户就一点未来都没有了？其实不然，虽然散户在总体赚钱上要逊于机构，也干不过机构。但是如果掌握了投资技巧，修炼了投资心态，依然可以在股海中舀一杯羹。

首先要对照一下，自己属于哪一类投资者。市场有这么三类投资者：

第一类人对股市不了解，也不是特别感兴趣，只是看身边的朋友一段时间炒股赚钱了，以为股市这么容易，于是便彻底"入坑"。

第二类人对股市有一定了解，但是缺乏系统的知识，或者说缺乏一个稳定可执行的交易体系，有亏损但是还能坚持下去，对股市感兴趣，愿意花时间去学习。

第三类人对股市非常熟悉，具备系统的知识，也有自己的一套分析方法和交易体系，但是在执行的时候，总是和预期有一点差别，不能稳定盈利。这三类人也可以说是散户进入股市的三个阶段，从大亏到小亏再到能小赚一点。

如果你能在这三类人的基础上，取其长补己短，不断学习和提高，我相信，散户也是有未来的。

## 4. 辩证看待价格与价值

股票本身没有价值，但它可以当成商品出卖，并且有一定的价格。股票的市场价格即股票在股票市场上买卖的价格。股票市场可分为发行市场和流通市场，因而，股票的市场价格也就有发行价格和流通价格的区分。股票的发行价格就是发行公司与证券承销商议定的价格。股票发行价格的确定有三种情况：

（1）股票的发行价格就是股票的票面价值。

（2）股票的发行价格以股票在流通市场上的价格为基准来确定。

（3）股票的发行价格在股票面值与市场流通价格之间，通常是对原有股东有偿配股时采用这种价格。国际市场上确定股票发行价格的参考公式是：

股票发行价格＝市盈率还原值×40%+股息还原率×20%+每股净值×20%+预计当年股息与一年期存款利率还原值×20%

这个公式全面地考虑了影响股票发行价格的若干因素，如利率、股息、流通市场的股票价格等，值得借鉴。

股票在流通市场上的价格，才是完全意义上的股票的市场价格，一般称为股票市价或股票行市。股票市价表现为开盘价、收盘价、最高价、最低价等形式。

那么，股票的价值呢？

从本质上讲，股票仅仅是一种凭证，其作用是用来证明持有人的财产权利，而不像普通商品一样包含有使用价值，所以股票自身并没有价值，也不可能有价格。但当持有股票后，股东不但可参加股东大会，对股份公司的经营决策施加影响，而且还能享受分红和派息的权利，获得相应的经济利益，所以股票又是一种虚拟资本，它可以作为一种特殊的商品进入市场流通转让。而股票的价值，就是用货币的形式来衡量股票作为获利手段的价值。所谓获利手段，即凭借着股票，持有人可取得的经济利益。利益愈大，股票的价值就愈高。

由于A股市场严重的供不应求，股价长期存在流动性溢价，所以股票价格绝大多数时间并不是围绕价值波动，而是始终在价值上方波动，大部分时间存在一定的泡沫，少部分时间泡沫比较大，而估值合理甚至低估的时候则少之又少。这一点在中国香港地区市场恰恰相反，中国香港地区长时间存在流动性折价。除了流动性可以构成股票价格之外，还有一个最不好把握的地方是构成股票价格的因素：风险偏好。影响风险偏好的因素很多，比如国家政策、产业政策、突发信息、经济数据等都会影响到投资者的风险偏好，我们经常看到的股价暴涨暴跌就是因为风险偏好的变动，而风险偏好的变动对股价的影响是最直接、最快速的。

所以，真相是股票价格并不是由单一因素构成的，而是由"价值＋流动性溢价＋风险偏好"构成的，从这个角度去看股票价格，就会比较清楚，比较好把握，只要分析市场信息影响到了股价的哪一部分，就可以判断出股票价格的涨跌了。

价值投资追求的是当前低价。通常考察收益、现金流、股利及其企业价值等财务指标，并强调在此基础上低价买进。价值投资者首要目标是确定公司的当前价值，并在价值足够低时买进公司证券。

成长性投资介于枯燥乏味的价值投资和冲动刺激的动量投资之间。其目标是识别具有光明前景的企业，侧重于企业的潜力而不是企业的当前属性。价值投资者相信当前价值高于当前价格而买进股票。成长型投资者相信未来价值的迅速增长足以导致价格大幅上涨，从而买进股票。

成功的投资不在于"买好的"，而在于"买得好"。对于价值投资者来说，必须以价格为根本出发点。事实屡次证明，无论多好的资产，如果买进价格过高，都会变成失败的投资。确定价值的关键是熟练的财务分析，而理解价格与价值的关系及其前景的关键，则主要依赖于对投资者思维的洞察。最重要的学科不是会计学或经济学，而是心理学。在所有可能的投资获利途径中，低价买入显然是最可靠的一种。

## 5. 不可或缺的钟摆意识

证券市场的情绪波动类似于钟摆的运动。虽然弧线的中点最能说明钟摆的"平均"位置，但实际上钟摆停留在那里的时间非常短暂。相反，钟摆几乎始终在朝着或者背离弧线的端点摆动。但是，只要摆动到接近端点，钟摆迟早会再次摆回中点。事实上，正是朝向端点运动本身为回摆提供了动力。

《投资最重要的事》里讲了投资市场要遵循钟摆式摆动。那么，它具体是如何摆动的呢？

处于兴奋与沮丧之间。

处于值得庆祝的积极发展与令人困扰的消极发展之间。

因此，处于定价过高与定价过低之间。这种摆动是投资世界最可靠的特征之一，投资者心理显示，他们花在端点上的时间似乎远比花在中点上的时间多。

风险规避是理性市场中的重要组成部分，它的钟摆所处的位置尤为重要。不恰当的风险规避就是市场过度泡沫或严重崩溃的主要原因。在我看来，贪婪和恐惧的循环是对待风险的态度改变所致。我将投资的主要风险归结为两个：亏损的风险和错失机会的风险。

牛市有三个阶段：

第一阶段，少数有远见的人开始相信一切会更好。

第二阶段，大多数投资者意识到进步的确已经发生。

第三阶段，人人断言一切永远会更好。

熊市三个阶段：

第一阶段，少数人意识到尽管形势大好，但不能永远称心如意。

第二阶段，大多数投资者意识到事态的恶化。

第三阶段，人人相信形式会更糟。

这种钟摆式摆动的态度与行为便决定了牛市和熊市的往复更替，这也是证券市场周期最主要的特征之一。首先，在钟摆的最左端，少数有远见的人开始相信一切会更好，于是慢慢买进。随后，大多数投资者意识到进步的确已经发生，便会买入更多。这个时候钟摆已经渐渐靠近中点。越过中点之后，人人开始断言一切永远会更好，于是钟摆便快速摆到了最右端。

不管是熊市还是牛市，归根结底都是周期。如同霍华德所讲的："我认为，牢记万物皆有周期是至关重要的。我敢肯定的东西不多，但以下这些话千真万确，周期永远胜在最后。任何东西都不可能朝同一个方向永远发展下去。树木不会长到天上。很少有东西归零。坚持以今天的事件推测未来是对投资者的投资活动最大的危害。"

相信钟摆将朝着一个方向永远摆动或永远停留在终点的人，最终将损失惨重。了解钟摆行为的人则将受益无穷。

## 6. 股海逐浪要谨记的原则

任何一个投资品种，谨记几条原则还是必要的。股海无情，用金钱搏击，不去掌握原则，等于裸泳。所以，我们具体来看有哪几条必须遵守的原则：

（1）心急吃不了热豆腐

有的投资者说，如果不急，买不到怎么办？其实，我们可以回忆一下：当你在某一价格买入某种股票，是不是在绝大多数时间都会出现比你买入价更低的股票。散户和机构有很大的不同，机构需要几个月时间来建仓，而你只需要10秒钟就搞定，所以足够的耐心是很重要的。当然也会出现因为买入的不果断，股票会快速上涨的特殊情况。但即便是这样，现金和股票比较起来，永远是最安全的资产，你大可用同样的方法去选择其他的股票。

（2）仓位管理比时机重要

进出场时机真的没有你想象的那么重要，任何一个点位都可以杀进去，无论是高位出货还是低位补仓，只要你具备足够多的子弹，你有足够多的成本，你怕什么呢。所以，仓位的管理比你买哪只股票更重要。不管多么优秀的股票，看好了也不要满盘下注，不怕建仓亏掉，就怕重仓、满仓回不了头。俗说话"船小好调头"。因此，仓位控制比入场时机重要得多。你手中多握些现金筹码就是胜算。

（3）不拿身家性命去玩股票

炒股从来不是一个人的事情，而是全家人的事。不论你是单身还是有家室的人。单身就以为没有后顾之忧吗？父母爹娘你不能不顾吧？

我认识一个炒股的人，可谓炒股走火入魔。从第一次投资10万赚了10万变成20万本金开始，一发不可收拾。不是"发"得停不下来，是"炒"得停不下来。不仅把自己的房子卖掉了，而且把亲戚的钱也借遍了，用快要家破人亡形容他一点不过分。我问他："为何不在小亏的时候及时止步脱离股海呢？"他说："周老师，我当时不认为股市会把我搞垮，我只是没遇到机会，我第一次轻松赚了10万，一定会翻身的。"

如果炒股的目的是赚钱，用于改善生活：比如给另一半买一件礼物；比如给孩子做教育金；比如让父母一次夕阳红的旅游……那么，你真的玩不起。假如今天你拿了一大笔钱到股市里去，如果想的仅仅是赚更多的钱，我真不知道你这样的人生何时休。真正的玩家要全面规划，而不是简单地投资股票或者买一个基金，不要让欲望毁掉自己身边最值得珍惜的东西。投资可以，炒股可以，但一定不要拿身家性命，赌上你所爱的人的全部未来去炒。

（4）专家的话不能盲从

究竟这些被称为股神的是"专家"还是"砖家"，这还真不好说。因为专家就两类：一类是"事后诸葛亮"，一类是"天气预报员"。"天气预报员"常常是讲完股评后加上一句"股市有风险，投资须谨慎"，绝对让你哑巴吃黄连——有苦说不出。"事后诸葛亮"是等股票有了定局他才开始总结，这样的总结基本不用听。

那么股民为何还是爱听股评呢？因为中国股民都不想思考只想赚钱，专家荐股直接买，多轻松。大家用脚趾头想想都能明白这个道理：如果他真的看得那么准，何必还要上节目做股评呢？直接自己砸入几百万变成亿万富翁多好。这其中的"深刻含意"需要大家去悟。

记住这四个原则，平日里再用心学习投资理财技巧，我相信，即使你是一个门外汉，也不会在股市赔光或许还能小赚。

# 第九章
# 基金——和专家一起理财

下篇

投资理财工具篇
——把握最有效的投资理财工具

## 1. 基金的源起与分类

投资基金源起于19世纪初的荷兰，世界上最早的证券交易所就诞生于阿姆斯特丹。在当时，一些达官贵人为了妥善保管私人财产，专门聘请理财有方的律师或会计师管理和运用他们的财产。他们除了需要支付给经营者一定的酬劳外，剩余的投资盈利则归自己。荷兰国王威廉一世于1822年创立了第一个私人基金，委托专业管理人员操作，专门投资于外国政府证券。这就是早期的证券投资信托。

真正意义上的投资基金诞生于欧洲大陆西岸的那个岛国，即工业文明的发祥地——英国。18世纪中期以后，英国登上殖民霸主的宝座。英国资产阶级一方面积极发展海外贸易，进行殖民掠夺，积聚了丰厚的资本，19世纪60年代，英国经过第一次产业革命之后，生产力得到了极大的发展，工商业极为发达，殖民地和贸易遍及世界各地，社会和个人财富迅速增长。由于国内资金积累过多，投资机会相对饱和，促使许多商人纷纷将个人财产和资金转移到海外市场。由于投资者本身缺乏国际投资知识，对海外的投资环境缺乏了解，于是便萌发了集合众多投资者的资金，委托专人经营和管理的想法。这一想法得到了英国政府的支持。于是由政府出面组成投资公司，委托拥有专门知识的理财专家代为投资，并分散风险，让中小投资者可以分享国际投资的丰厚收益。于是，早期的投资信托公司便应运而生。

世界上第一只投资基金就是在这样的背景下在英国诞生的。投资基金起源于英国，却盛行于美国。第一次世界大战后，美国取代了英国成为世界经济的新霸主，一跃从资本输入国变为主要的资本输出国。随着美国经济运行的大幅增长，日益复杂化的经济活动使得一些投资者越来越难于判断经济动向。为了有效促进国外贸易和对外投资，美国开始引入投资信托基金制度。1926年，波士顿的马萨诸塞金融服务公司设立了"马萨诸塞州投资信托公司"，成为美国第一个具有现代面貌的共同基金。在此后的几年中，基金在美国经历了第一个辉煌时期。

我国基金发展的历史起源于1992年，规范的基金起源于1998年。尽管我国规范基金历史并不长，但是在这些年中，基金也经历了多次的起伏跌宕，既经历了1999年的"5·19"行情，也经历过2001年6月上证指数2245的高点，更经历了2005年7月上证指数998的低点，同时也迎来了股权分置改革带来的喜悦。可以说，基金业的发展，正是中国证券市场一步步走向成熟的标志。

知道了基金的源起，那么，基金有哪些类别呢？

第一类是指数基金，这是最常见的一种基金类型，比较有特色的是国际上的很多单一国家的指数基金。

第二类是行业基金，常见的有能源基金，比如矿产基金、黄金基金、房地产基金……

第三类是货币基金，所有国内"宝宝"类的都是货币基金，比如余额宝、理财通……

第四类是债券基金，也就是以债券为主体的基金，典型的比如太平洋亚洲中小企业债券基金……

第五类是对冲基金，这是运用风险对冲的策略获取收益的另类基金品种。

如果把基金风险从小到大排列起来，是这样的：

货币基金

债券基金

国际性债券基金

区域性股票基金

单一市场股票基金

货币基金收益最低，风险也最低，然后是国际性的债券基金。很多人关注债券，可是大家都不知道，所有的股票合起来还没有债券的一半，债券是全世界交易量最大的东西之一，外汇都不一定超得过它。所以外汇的未来市场很巨大，越动荡的市场债券会越好。

由于风险高低不同，所以投资者应根据自己对风险的承受能力来选择风险水平适合自己的基金投资入伙，也可以通过低风险基金、中等风险基金和高风险基金都投资一部分的办法来分散风险和平衡收益水平，这种行为就叫作投资组合。知道了基金分类，还要明白基金的赎回。如果感兴趣的投资人想自己投资基金，那么一定要懂得以下技巧：

（1）先观察后市再进行操作

基金投资跟股票一样，投资的是未来的预期。如果后市是牛市，那就一直持有，使收益最大化。如果发现有牛转熊的迹象，提前赎回是上策。

（2）转换成其他产品

基金之间的转换值得推崇，第一高风险和低风险基金产品之间转换几乎没有费用。把股票性基金转换成货币基金。相当于一种变相赎回，如果钱不是急需，这种方法很好。

（3）定期定额赎回

与定期投资一样，定期定额赎回，可以做日常的现金管理，又可以平抑市场的波动。定期定额赎回是配合定期定额投资的一种赎回方法。

明白以上几点，大家就能做到心中有数。不论是玩股票还是买基金，要做清醒理智的投资者，不要盲目。

## 2. 借用专业和团队的力量

对于投资人来说，基金就是把钱交给专业财经人士打理。基金管理公司收取一定的费用，如管理费、申赎费等。扣除这些费用后，不论是赚是赔，均有基金投资人承担。

对于普通投资者而言，很难实时掌握正确的投资时点，常常可能是在市场高点买入，在市场低点卖出。而采用基金定期定额投资方式，不论市场行情如何波动，每个月固定投资基金，最终投资的成本也会比较平均，从而降低风险。

买基金是一件非常慎重的事，要考虑的因素还有很多。比如选哪家公司？

千万不要以为所有基金公司买的基金都是一样的，单纯觉得基金和买大米一样，每个超市卖的都差不多。事实上，不同公司操作手法不一样、实力也不一样，公司没选好，也得亏！

一般大公司，专业团队更多，经验也比较丰富，面对市场涨涨跌跌也比较有准备，比较靠谱。

在基金公司，有一个颇为神秘的机构——投资决策委员会。这个机构极为重要，可以说它直接决定了基金公司的整体投资策略和业绩，是基金公司的核心基石。

投资决策委员会是基金管理公司的最高决策机构，也是非常设的议事机构，拥有对所管理基金的各项投资事务的最高决策权。负责决定公司所管理基金的投资计划、投资策略、投资原则、投资目标、资产分配及投资组合的总体计划。

业内人士表示，如果一家公司旗下基金整体表现都相对出色，反映出整个团队实力胜人一筹，而团队实力恰是影响基金长期业绩的决定性因素。除了过往业绩之外，一个好的投资团队还需要具备什么样的基本要素呢？

首先，好的投资团队中不乏精英，不乏明星基金经理，但绝不会过分地依赖个人。任何一个好的基金经理都无法单枪匹马取得战功，必定需要一个好的投资团队全力支持和保障。

其次，好的投资团队背后要有良好的投资理念、投资流程和风控机制，充分发挥团队的优势，同时也要让团队成员以更长远的眼光和心态致力于资产的长期稳健增长。

当选定优秀的"团队"之后，投资者就可以在该团队旗下的基金产品中从容选择了。时下，基金公司一般都会搭建比较完善的产品线。产品的类型根据风险收益水平由低到高分为很多品种，不同风险承担能力的投资者可以根据自身情况从中选择适合自己的产品。

买基金之前，可以先去查一查该公司以往的业绩，星级评比之类的。另外，还要看基金公司是否有绯闻，比如老鼠仓、高管离职、股权变更等等。这类公司可以暂时先回避一下，因为一般基金公司遭遇上述情况，公司短期内都会动荡，一定会影响投资。基金经理也需要一个安稳的投资环境。

## 3. 混合型基金的优缺点

混合型基金是指投资于股票、债券以及货币市场工具的基金，且不符合股票型基金和债券型基金的分类标准。根据股票、债券投资比例以及投资策略的不同，混合型基金又可以分为偏股型基金、偏债型基金、配置型基金等多种类型。

混合型基金根据时机的不同，可以成为最积极的股票基金（股票投资比例可以达到净资产的80%），也可以成为最纯粹的债券基金（股票投资比例为0）。对于混合型基金管理人而言，由于资产配置的弹性空间极大，基金的收益与风险完全取决于管理人对资本市场的判断，因此管理难度较大，但这也给了管理人充分发挥的空间。所以，影响混合型基金业绩的最主要的因素，将取决于基金管理人的素质高低。

我们先看混合型基金的优点：

（1）风险相对较低

理论上说，混合型基金的风险低于股票基金，预期收益高于债券基金，风险适中。混合型基金设计的目的是让投资者通过选择一款基金品种就能实现投资的多元化，而无需去分别购买风格不同的股票型基金、债券型基金和货币市场基金。混合型基金会同时使用激进和保守的投资策略，其回报和风险要低于股票型基金，高于债券和货币市场基金，是一种风险适中的理财产品。一些运作良好的混合型基金回报甚至会超过股票基金的水平，尤其是灵活配置的混合型基金。基金经理可以灵活配置市场热点行业，把握市场行业轮换。

（2）操作比较稳健

普通投资者一般不能像机构里专业的团队那样来分析各种基金。混合型基金中，一般基金经理能凭借专业的优势深入分析投资标的各方面业绩，来帮助投资者筛选出有优势的基金，从而获取稳健的投资收益，为投资者提供便利。

（3）投资成本偏低

购买基金需要扣除一定的申购费、管理费、赎回费用。当投资者想要多购买几只基金来分散风险，所收取的费用总额就比较高了，从而造成投资成本的上涨。而购买一只混合型基金，就等于购买多只基金，却只要收取一只基金的各种费用。既分摊了风险，又不用多花费用。

混合型基金虽然有优势，但也有明显的缺点。比如，最明显的缺点就是受股票市场波动，不太适合风险承受能力弱的投资者。

由于混合型基金可以在股票和债券两大类资产之间灵活配置，收益受股票市场波动的影响较大，适合具有中高风险承受能力的投资者。这一点混合型基金与股票型基金较为接近，但相比股票型基金，混合型基金灵活的资产配置比例限制为基金管理人的主动管理提供了充分的空间，这也要求管理团队拥有较高操作水平，主动为投资者取得尽可能高的长期回报。

混合型基金的风险主要取决于股票和债券配置的比例大小，一般来说，普通混合型基金的风险系数比较高，因为激进型的股票投资占比全部的混合型基金投资的百分比较多，所以风险也比较高。而稳健的混合型基金的风险比较低，也是因为债券类的风险较低产品占比较高，各位投资人可以根据自己的资产配比情况和自身承受风险能力来配置投资混合型基金股票、债券等产品的比例。

混合型基金虽然采用了一站式的资产配置投资方式，但是如果购买多个混合型基金，投资人容易在大类的资产配置上变得模糊不清，不利于投资人分析市场状况。

## 4. 定投，套牢了也幸福

股市潮起潮落，有涨潮就有退潮，所谓"常在河边走，哪能不湿鞋"，"套牢"不可避免成为了投资者经常挂在嘴边的专业术语。

套牢是指进行股票交易时所遭遇的交易风险。比如，投资者预计股价将上涨，但在买进后股价却一直呈下跌趋势，这种现象称为多头套牢。相反，投资者预计股价将下跌，将所有股票放空卖出，但股价却一直上涨，这种现象称为空头套牢。由于我国大陆的股票交易不采用卖空制度，所以股票空头套牢在大陆市场并不存在。本书中所说的套牢不加说明的话，均是指多头套牢。而基金定投被套牢的情况，并不像股市套牢那么可怕。

基金定投，就是定期定额投资基金，比如在固定的时间（如每月20日）以固定的金额（如200元）投资到指定的开放式基金，有点类似于银行的"零存整取"。简言之：基金定投＝约定扣款时间＋约定扣款金额＋目标基金。当然，这是定投最早的样子。经过不断发展，现在又延伸出了"主动定投""大额定投"等各种新型的定投模式。比如，有的不再严格按照固定日期，可以自行选择时间，用固定金额投资同一只基金。

定投可算是一种被动的投资方式，通过坚持小额定期投入，在不知不觉中就可以积累一笔不菲的财富。分批投资可以降低成本，用长时间摊平市场波动，所以定投不必太在乎进场时点。甚至有人说定投即使被套牢了也不必惊慌。有经验的人会说，不管是抄底被埋，还是追涨被套，定投通通都能治愈。定投通过多批次投资，分散风险，可有效提高投资胜率。在看不清市场走势时做好定投，还能不轻易错过市场机会，不必等到风起时空仓兴叹。

此外，基金定投相对股票和其他激进型的基金有更多好处：1）不用每天4小时盯着K线图，有更充裕的时间努力工作，提高自身价值；2）心态更加从容，心态不再受眼前的涨跌影响，定投可以分摊，以固定金额投资，低价位就会购入更多份额，高价位就自然购入较少份额，以此降低平均持仓成本，等到价格回归到中高位时将其卖出赚取利润；3）定投等于强制储蓄，相当于买了个存钱罐，每月花钱赚钱都更有计划性和动力；4）无需选时，不怕基金净值下跌（涨时赚净值，跌时赚份额），并能养成坚持投资的习惯，获得良好的回报，使财富在无声无息中不断增长。

既然基金定投这么好，那有人要问了，什么样的人适合做基金定投呢？我认为，只要你想开始，你是什么级别的投资人都可以参与基金定投。如果你是月光族，还是个投资理财的小白，那么我建议你拿出每月收入的5%来做定投。当然，这也算是最低标准吧，慢慢来。建议选择1~2只基金定投就足够了，等有经验了之后，再试试主题型指数基金，比如医药指数、军工指数、环保指数……这样的定投计划每次投的钱不多，但长期坚持下来也是一笔不小的数目，不仅帮你强制储蓄，还能享受收益。

如果你已经摆脱了月光，也从小白变成了理财达人，那么可以把每月结余的50%拿来定投。同样，建议选2~3只基金定投就够了，不然会耗费你过多的时间和精力！比如，你选中了3只基金，其中包含2只指数基金和1只混合基金。那这2只指数基金，也尽量选择2只不同标的的指数基金，方便分散风险。有数据表明，当有效配置的基金数量超过7只后，基金定投分散风险的作用就会很弱了。

定投的回报率不比一次性投资差。在下列四种情况中，定投收益更高的情形占了绝大多数：1）当市场一路上涨，定投的回报率比一次性投资略差；2）当市场一路下跌，定投的回报率一定比一次性投资好；3）当市场先跌后升，定投的回报率大大高于一次性投资；4）当市场波动频繁，定投的回报率也可能比一次性投资高。

基金定投不像股票害怕被套牢无法解套，但基金定投也不是一点儿风险也没有。定投的风险来自于所购买的基金种类，按风险大小排列为指数基金、股票基金、混合基金、债券基金、货币基金和保本基金。收益率为相反的排列。风险越大收益越大。定投依数目而定，每月1000元不算小数目，可以买一只股票基金和一只债券基金来组合以减小风险。1000元以上可以买更多只不同种类的基金组合。至于比重，比如你是年轻人，要买房、买车，一般只有10年以下的时间，那么可以让组合中股票型和指数型占60%左右；如果是中年人，则可以选择混合型多一点；如果是养老金，则应该选择债券型多一点，这样比较安全，老年人心理也承受得起。要是闲置资金，则应该大胆地追求高风险、高收益。一般不会出现投入的资金完全亏损的情况。

## 5. "坚持"与"不坚持"

做过基金投资的人都知道坚持的重要性，要长时间去定期定额投资基金，但不是所有的基金都是坚持就能获益。所以，投资基金就要搞懂，什么时候该坚持，什么时候该不坚持。

都说基金定投是傻瓜型投资方式，不用操心选时选股，通过定投平摊成本、分散风险后，只要你坚持的时间够长就能赚到一个比较不错的收益了。然而，事实上真的是这样吗？傻瓜型投资真的能一定赚到钱吗？

老张定投坚持了 10 年，大家想收益回报应该还不错吧，结果 10 年过去了，他这基金定投还是亏钱的！当时他每个月 10 号定投 2000 元，基金分红选择了再投资，认购费率 1%。10 年下来到现在一共累计投入本金 24.2 万元，持有基金份额 29.75 万份，净值 0.7517，这些份额价值 22.36 万元。也就是说要是现在他赎回这个坚持了 10 年的基金定投，那么老张还亏 1.84 万元，累计收益率为 -7.6%。

可见这种坚持就没有收到预期的收益。对于一个已经开始了的基金定投，最好每隔一段时间检查下你的复利投资报酬率，如果出现了不合理的状况，那就要考虑卖出了。

定投的时间是必要的，坚持也要看情况。通常，定投要选择的并非每年的业绩冠军，而是长跑冠军。比如定投是长期投资，重点看 5 年以上的定投收益率，其实从主动权益类基金来看，投资者需要注意选择优秀基金经理管理的基金，而且在目前情况下最好选择风格更为稳健的品种。此外，在指数型基金方面，在大盘蓝筹股表现好于中小盘股的市场格局情况下，可以多配置大盘蓝筹股指数基金，但也可以搭配定投些中小创指数，注意两者之间的配置比例。其实从操作层面来说，定投不能只看长期历史业绩，而是要看基金业绩变化情况，当基金业绩出现向下的拐点时或者更换基金经理时，也要适时考虑变更定投基金标的。如果基金长期业绩优异并能够持续领先，则可以坚持长期定投。

什么时候基金该放弃呢？

基金收益已经达到预期收益设置止盈点应当是做任何投资之前都要做的事情，毕竟落袋为安是普通投资者都要践行的事情。一旦收益达到预期，就应该考虑赎回。赎回的资金比例可以跟收益率成正比关系。比如，收益率超过 20% 就选择赎回 20% 份额，收益超过 50% 赎回 50% 份额，收益率越高越加大赎回力度。在进行基金定投时,设置一个止盈点,比如在定投收益率达到60%时,就赎回全部已投份额。然后继续定投,如此循环操作,能将收益和风险控制在合理的水平。其次,基金经理离职后的基金,就像是失去父母的小朋友,难免会惊慌失措,这个时候基友们就要重视起来。

在生活中,看到基金净值噌噌地向上涨,对于一部分保守的基民来说,虽然是一件乐事,但仍不如赎回基金"落袋为安"来得安全。不过如果把基金净值的增长完全看作自己的收益,而忘了赎回费用,那这种计算方式也是有问题的。

所以,在投资基金的时候既要懂得长线坚持的重要性,也要知道选合适的时机赎回的必要性,这样才能是一个理性的投资者。

## 6. "两要"与"两不要"

投资基金除了上面的坚持与不坚持,同时还要谨记"两要""两不要"。
我们先看"两要"。
首先,要重视投资原则。
(1)必须知道自己的投资目标是什么,期限有多长,能承担多大的投资风险。对不同基金公司的投资风格、以往业务表现及费率水平等有正确的了解和推断。
(2)对其收益率不抱不切实际的期望,因为一定程度的风险总是存在的。
(3)开放式基金是中长期的投资品种,是分享资本市场长期成长的有效途径,并不适宜短线炒作。评价基金的业绩,要放在一个较长的时间段内考察，只有经得起时间考验的基金，才是真正值得投资的基金。短期频繁地申购、赎回，不仅投资成本高，而且难以获得预期回报。

其次，投资基金也要有风险意识。

基金的优点在于规模经营、专家理财、风险分散，能够更好地对证券市场进行全方位的动态跟踪与分析。一般中小投资者由于资金量小，无法通过购买不同的股票分散投资风险。基金通常会购买几十种甚至上百种股票，其中某些股票下跌造成的损失可以用其他股票上涨的盈利来弥补，因此可以享受到组合投资、分散理财的好处。但是这并不意味着基金就是无风险的金融工具。任何一种投资都会存在风险，基金不仅存在风险，而且还具有自身的特点。

基金风险是指在一定的条件和一定的时期内，由于各种因素的影响，基金收益的不确定性造成基金资产损失，或基金持有人利益不能得到保护的可能性及损失的大小。没有只涨不跌的股票市场，也没有只赚不赔的基金产品。认识到基金的风险，投资者就要采取必要的措施以减少风险。因此，对于投资者来说，在投资基金的同时既要明了基金是有风险的，同时也要加强自身基金理财知识储备，做一个理性的基金投资者。

我们接着再来看"两不要"。

首先，不要把鸡蛋放在一个篮子还幻想着短期发财。

有些投资者不考虑自己未来可能的支出或收入状况，在基金业绩感召下，或在赚钱效应冲昏头脑的情况下，把自己的积蓄倾囊而出，进行基金投资。这样既影响正常的家庭开支，也不好应对不时之需，如遇到市场下跌，投资心态也会大受影响。我一直强调，投资不是冒险，而是要稳定、合理地去让现在的资产增值，无论是基金还是股票，把所有的钱都投进去都属于冒险行为，而不是投资行为，分散投资很重要。

基金不像股票，不会在短期内就看到超额回报，也不太适合快进快出的炒作方法。部分基金投资者尤其是新进入基金市场的投资者,也许会以过去一段时间购买基金所取得的收益,来预测未来短期内能够获得的收益,幻想着短期内可以迅速发财,其实这是不可取的想法。尤其是一些偏股型基金,它是一种长期投资的理财产品,只有长期投资才能更好地分享公司成长所带来的经济效益。

其次,不要放任不管和高估自己的抗风险能力。

基金虽然不同于股票需要天天盯着大盘,但也绝不是一种"坐等获利"的投资产品。基金与凭证式国债有相同之处,即长期性。国债的期限一般在一年以上,在购买时已经规定了到期收益及利率。同时,基金与凭证式国债也有不同之处,即安全性和收益性。国债被喻为"金边债券",在某种意义上指的是"风险相当低";但基金不同,"共同投资、专家理财、收益共享、风险共担"这16个字就足以说明基金是有一定风险的。在收益上,国债为固定收益,而基金却不是这样。所以,投资于基金不能像购买凭证式国债那样买了就可以高枕无忧,坐等收益。一定要时刻学习基金知识,关注基金动向,必要时进行基金转换和及时赎回。

不要高估自己的风险承受能力。只有清楚自己的风险承受能力及对风险大小不同的基金品种有具体的认识,清楚地知道什么是股票型基金,什么是混合型基金,什么是债券型基金等,才能更好地做出投资选择。正确地估计自己的风险承受能力,才能使投资做到游刃有余、条理清楚。但是一味地保守与高估同样不可取,而年龄段划分法是正确估计一个投资者投资能力简单而有效的办法。

# 第十章
# 外汇——玩的就是心跳

下篇

投资理财工具篇
——把握最有效的
投资理财工具

## 1. 外汇交易需靠谱平台

国际上因贸易、投资、旅游等经济往来总不免产生货币收支关系。但各国货币制度不同，要想在国外支付，必须先以本国货币购买外币；另一方面，从国外收到外币支付凭证也必须兑换成本国货币才能在国内流通。这样就发生了本国货币与外国货币的兑换问题。两国货币的比价称汇价或汇率。西方国家和我国的中央银行为执行外汇政策、影响外汇汇率，经常买卖外汇的机构。所有买卖外汇的商业银行、专营外汇业务的银行、外汇经纪人、进出口商，以及其外汇市场供求者都经营各种现汇交易及期汇交易。这一切外汇业务组成一国的外汇市场。

一国货币与另一国货币进行交换，就是外汇交易。不同于其他金融市场，外汇市场没有中央交易所，也没有具体地点，而是通过个人、银行和企业间的电子网络进行交易。

外汇投资，是指投资者为了获取投资收益而进行的不同货币之间的兑换行为。外汇是"国际汇兑"的简称，有动态和静态两种含义。动态的含义指的是把一国货币兑换为另一国货币，借以清偿国际间债权债务关系的一种专门的经营活动。静态的含义是指可用于国际间结算的外国货币及以外币表示的资产。通常所称的"外汇"这一名词是就其静态含义而言的。其特点是风险大，但风险可控，操作灵活，杠杆比率大，收益高，等等。

外汇资产越来越成为许多家庭资产配置中不可或缺的一项。近年来，国内外汇业发展迅速，各种外汇交易商如雨后春笋般涌出，但是这个杂草丛生、鱼龙混杂的市场，常常让投资者无所适从。尤其随着互联网的迅速发展，网络平台非常多，被骗的投资者不在少数。

那么，外汇交易用哪个平台比较好？这个问题确实有点纠结，因为外汇交易平台有很多，优秀的也不少。每个平台都有优缺点，因此，筛选外汇交易平台，可以说是投资者最重要的入门功课之一。对于投资者来说，识别正规的炒外汇平台是非常重要的，只有资金安全得到了保证，才能投资赚取收益，否则连本金的安全都未可知，拿到收益就更是奢望了。判断正规的炒外汇平台一般要看以下几方面：

（1）监管机构

平台必须受到监管，尤其是受到FSA监管和ASIC监管，当然双重监管更好。一般正规的炒外汇平台都有权威监管机构进行监管，投资者最好自己到监管平台查询监管号是否属实，这种监管号没办法作假，且也要查询监管机构是否足够权威。

（2）别人的口碑

现在有很多投资者都会在选择平台之前，上网搜索一下相关的评论和口碑，虽然网上的言论自由导致很多信息并不完全准确，但是不可否认的是，尽管有部分商家会聘用水军刷评价，但是对于新手投资者来说，网上的口碑也是新手对平台进行初步了解的一大重要渠道。

（3）操作软件

在进行注资操作前投资者可以注册模拟交易账户进行交易，模拟账号中会有虚拟交易资金，在操作过程中可以观察MT4软件的稳定性，正规的平台使用的肯定是正规的MT4软件，盗版的MT4软件会出现滑点、报价不一致等缺陷，这在使用中可以发现。

炒汇，是真金白银的投资，只有明白了这项投资产品，再搭上一个好的平台，才是赚钱的开始。

## 2. 基本面、技术面、心理面

任何投资产品，只要涉及到指数和盘面，就离不开三个因素即基本面、技术面和个人情绪（也称心理面）。

基本面分析也好，技术分析也罢，都是"分析"，也就是说，都属于一种预测行为，并不能对市场做出百分百准确的结论。投资者都是在用自己的方式去理解市场、回应市场。因此，这几个方面无分高下、优劣之判。无论是基本面还是技术面，运用得好都好，如果再辅以情绪稳定，那么，炒汇也是一件比较容易的事。

基本面指宏观经济、行业动态、公司基本情况、国际政治变化。原则上，市场的超额收益来自基本面的改善，而基本面的改善是量变到质变的过程。一般来说，基本面的大趋势是不可阻挡的，也就是说，它只会迟到但不会缺席。

技术面是基本面的反映，技术面的总体走势体现了基本面的波动情况。技术面总体只有三种情况：多头、空头、震荡，我们需要学会趋势追随并顺势而为。震荡的市场机会不多，小波动难以产生大的交易机会。多头市场和空头市场才是造富市场，而多空的形成需要事件的驱动。

基本面研究更应该是作为技术面的一个辅助。基本面应该主要担负两个功能：一是做勘探地图的前瞻研究，描述未来哪些领域存在潜在的机会；二是价格信号出现的时候进行基本面确认，是否支持目前价格方向，支持就是一个很好的交易机会，不支持也要以价格信号为准。从交易本身来说，应该对价格信号持有一个中性客观的心态，这样可以很好地捕捉到市场发出的信号，避免市场转折时因为基本面信号的滞后造成的损失。

基本面分析中最让人困惑的一点是，就算我们能及时掌握到第一手信息，却常常不知道它会在多大程度上影响外汇价格，有些信息看似很重要，但实质影响可能小到忽略不计，有些信息看似无足轻重，又往往造成大的行情。对此，谁也没有好的办法，只能通过不断地积累、不断地试练，才能掌握其中的密码。

技术面的研究核心无非是顺势而为，简单来说就是跟着人群走。我们知道，格价上涨是因为有看涨的投资者和机构推动，价格下跌，则是因为有大批投资者看空。技术分析最重要的就是找准支撑位和压力位。支撑位，一般是指历史上股价曾经几次跌落到那个点位，然后不再下跌，仿佛有某种力量在下面撑着它，从而令价格直接反转，或者盘整一段时间后再反转。那么，当价格重新跌落到附近点位不再下跌并且露出明显的反转信号时，投资者就可以选择轻仓进场了，更强的信号给出时，就可以视自己的财力与风险偏好加仓了。同样的道理，当价格屡次达到一个高点并且总是不能突破，仿佛上方有某种力量在压制着它一样，促使价格反转，这个点位就称之为压力位。那么当价格重新上升至这一点位附近并且露出疲态时，已经赢利的投资者就该考虑离场数钱去了。支撑位与压力位并不是一成不变的，当价格击穿支撑位时，支撑位会反过来成为价格的压力位，反之亦然。综合起来说，基本面分析和技术面分析两者应该是相辅相成、相得益彰。按百分比来划分技术分析和基本面分析各自在投资过程中的重要性，它们会占到多少？一般来说，技术面分析会占到20%强，基本面分析会占到30%。剩下的50%是什么呢？是心理面。也就是说，你技术分析做得好，充其量只有20%的赢面；基本面分析做得好，加10分，也不过30%的胜率。重中之重是心理面。

心理面又可分为两方面：一是大众的心理，如前面讲到的压力位与支撑位，它们之所以会起作用，主要是大众的心理在发挥作用，是因为大众那么想并且那样去做，比如适时离场或适时进场，才会造成它们切实有效地发挥压制与支撑作用；二是自己的心理，也就是说每个投资者只能通过亲身实践，善自修持。必须自己去亲历，才会有印象。仅凭别人说说，关键时刻是不顶用的。

一般来说，只要懂得这个道理，并在投资市场摸爬滚打的时间长一点儿，都会有所改善。很多人的悲哀在于，通过一番修炼，好不容易能控制自己的内心了，子弹却已经打光了。所以，控制自己的钱袋也是控制自己内心的一部分。说残酷些，初学者多少都带点儿交学费的性质，所以谨记轻仓。

## 3. K线、均线、趋势线

无论是股票、基金还是汇市，都离不开这些基本的线。做投资不懂K线，相当于闭着眼睛打鸟，只能指望撞大运，其重要性不必多言。为什么称其为"K线"，而不是A线、B线或者C线呢？实际上，在日本的"K"并不是写成"K"字，而是写作"罫"（日本音读kei），K线图称为"罫线"，西方以英文第一个字母"K"直译为"K"线，由此发展而来。

日K线图又被称为阴阳烛，据说起源于18世纪日本的米市，当时日本的米商用来表示米价的变动，后被引用到证券市场，成为股票技术分析的一种理论。K线是一条柱状的线条，由影线和实体组成。影线在实体上方的部分叫上影线，下方的部分叫下影线。实体分阳线和阴线。一根K线记录的是股票在一天内的价格变动情况。将每天的K线按时间顺序排列在一起，就组成了股票价格的历史变动情况，叫做K线图。K线由开盘价、收盘价、最高价、最低价四个价位组成，开盘价低于收盘价称为阳线，反之叫阴线。中间的矩形称为实体，实体以上细线叫上影线，实体以下细线叫下影线。K线可以分为日K线、周K线、月K线，在动态股票分析软件中还常用到分钟线和小时线。K线是一种特殊的市场语言，不同的形态有不同的含义。

看外汇K线图有一个小窍门："先看阴阳，再看实体，最后看影线"。

阴阳顾名思义就是指的阳线和阴线。阳线的定义是：收盘价高于开盘价，代表着多方力量强，多方也称为买方、多头。阴线的定义是：收盘价低于开盘价，代表着空方力量强，空方也称为卖方、空头。

实体是指K线的收盘价与开盘价之间的价差，价差越大，说明这根K线力量越强。所以在外汇交易中选择实体部分大的K线，比如大阴线、大阳线，用来交易成功的概率就高一些。

影线是指K线的最高价或是最低价与收盘价之间的价差，比如说上影线就是指最高价与收盘价之间的价差，最高点与收盘价之间的距离越远，说明上影线越长，代表着上涨力量受阻，空方反击强烈。

下影线就是指K线的最低价与收盘价之间的价差，最低价与收盘价之间的距离越远，说明下影线越长，代表着下跌力量受阻，多方反击强烈。所以在外汇交易中，如果看到K线的上影线太长，就不能去做多单，如果看到K线的下影线太长，就不能去做空单。

均线指标实际上是移动平均线指标的简称。由于该指标是反映价格运行趋势的重要指标，其运行趋势一旦形成，将在一段时间内继续保持，趋势运行所形成的高点或低点又分别具有阻挡或支撑作用，因此均线指标所在的点位往往是十分重要的支撑或阻力位，这就为我们提供了买进或卖出的有利时机，均线系统的价值也正在于此。

均线是最普遍的工具,其全称为"移动平均线",就是将每天的收盘价经算术平均或加权平均,得出一条带有趋势性的轨迹,用以指导后市判断。单纯的K线意义不大,对裸K派(表示不看成交量、指标、基本面,因为一切都包含在K线里了)来说还不如没有。人们一般会运用K线组合,最常用的是5日K线和20日K线组合。5日K线称快线,20日K线称慢线,当快线从下方向上穿越慢线,谓之金叉,是上涨的信号;当快线从上方向下穿过慢线,谓之死叉,是卖出的信号;快线看似要穿越慢线但不穿越或者乍合又分,称为拒绝金叉和拒绝死叉,分别是更强的上涨与下跌信号;快线与慢线反复重合甚至粘合在一起,称为钝化,是观望的信号。

均线取的是多日收盘价格的平均值,对汇价的波动有相对应的支撑和压力作用。当汇价回调到均线附近,常会有投资者抄底抢反弹,从而在该处形成明显支撑。

不过,在使用均线分析短线支撑阻力的时候,一般都要符合大周期小均线、小周期大均线这一原则。比如看日线,一般都是比较关注5日、10日和20日的均线的阻力。如果是60分钟图或者15分钟图,一般都是看100、200周期的均线。

趋势线是指用来判断未来价位水平的预期范围图表线。主要有两种,即支撑线和阻力线,分别表示预期的最低和最高价位的水平,也是汇价下跌的支撑位和上升的阻力位。

趋势线有两种,上行趋势线和下行趋势线。此外,还有震荡趋势,也称盘整,即K线上也上不去,下也下不来,长期在有限的幅度内波动。对新手来说,震荡区间尽量不进场,已进场须密切关注。因为价格一旦突破,就会有一大波行情。

上行趋势线无疑是进场的好时段,除非价格已上行至顶部。下行趋势线除了是离场的信号外,也是逢低做高的契机。如果确认趋势已至底部且下行乏力，可果断入场。

无论是上行趋势，还是下行趋势，都可以在盘面上非常直观地显现，但老股民们都会为之画上一条线，也就是趋势线。之所以如此，是因为这条趋势线不仅会让趋势更明朗，还同时具备支撑位和压力位的作用。如在上行趋势中，只要价格不下破趋势线，就可视作回调，应坚定持有，回调过后往往会有进一步跃升。如果是下行趋势，只要价格不上破趋势线，就说明趋势线对价格还有压制作用，还不是进场的好时机。

在下跌趋势的趋势线中，至少找到两个高点，进行连线，就画出了下跌趋势线；在上升趋势中，至少使用两个旧低连成一个上升趋势线。价格K线图通过趋势线的次数越多，趋势线就越有效。

在绘制趋势线的时候，不一定所有的K线都要高于或者低于趋势线，只要大部分符合条件就算作有效。此外，如同支撑线和阻力线一样，您可以选择使用K线实体或者影线，作为绘制趋势线的依据，只要符合当前的行情走势，哪种方法都可行。

## 4. 支撑位与压力位

压力位和支撑位是图形技术当中，最为普遍也是最为常见的技术术语。

压力位：当行情价格上涨到某一位置时，就会对价格起到压制作用，影响价格继续上涨，被称为压力位。

支撑位：商品价格在下跌到某一低点后（或者趋势延续的每一个低点）开始反弹，则在该价位附近有支撑，这些低点之间的连线称之为支撑线。

当一只股票有压力，就不免会有回调的风险；当一只股票处于支撑位时，则往往代表着阶段性底部的形成。一个不懂得看压力位和支撑位的股民，往往会错过高抛低吸的机会，也常常会陷入一抛就涨、一买就套的困境当中。

当我们将一只股票的所有压力位和支撑位都了如指掌了，那么，我们规避风险的能力就会有很大的提高。

压力位和支撑位产生的原理：

所谓压力与支撑实际上是受供求关系的影响。在上涨过程中，卖盘供应大于买盘的需求，从而影响了股价的继续上行，形成压力；下跌过程中，恰恰相反，正是买盘的需求强于卖盘，而使股价形成向上的支撑推动力。

在股价向上冲高时，如果碰到了压力位，那么很容易就会被打压下来。而这时候，如果我们追高的话，就很容易替代前一批的套牢盘，形成新的套牢盘。

而在股价下跌时，如果碰到了支撑位，股价就有望上升。而这时候，我们看到的图形往往很不好看，心中也很是恐慌，常常就会将手中的股票尽快抛出，但是随后我们就会发现，股价上涨了，从而后悔莫及。

可能很多人对压力位和支撑位如何判断还是比较模糊，看汇价的涨跌，犹如雾里看花，越看越模糊。操作起来就是低卖高买，在操作过程中，压力位和支撑位犹如生活中的两条腿，有了这两条腿才可以在汇市中正常行走。因此一定要知道压力位和支撑位的位置在什么地方，这样才能正确止赢和止损，锁定利润空间。

本质上说，"汇价走势"是多空双方交战的结果，只是战争规模、持续时间的差异。当多方力量占优势时，向上走，当空头力量强时，向下跌。多空纠结，相持不下，则是横盘，没有趋势，就没有背离。所有级别的操作都必须建立在可控的趋势当中。

阻力与支撑实际是受多空关系的影响。在上涨过程中，随着空头市场逐渐大于多头市场，从而影响了价格的继续上涨，则形成了阻力；而在下跌过程中，随着价格的降低，多头市场逐渐多于空头，这是商品价格形成向上的支撑推动力。

事实上，支撑与阻力是一对矛盾共同体，原先的阻力被多方成功突破后，就成为支撑；原有的支撑被空方突破后，反过来也可以形成阻力。在实战中，选用K线的周期越大，支持与阻力的实战意义越大。对小周期K线而言，观察阻力与支撑对研判大盘的走势更为重要。主力做盘，也是根据散户的心理进行诱导，有时候往往1分钱之差，趋势就发生逆转。

如何计算压力位和支撑位，要注意以下几个方面：

（1）最简单的是看前期K线图的高点和低点。

（2）其次是通过均线系统，让前期的高点和低点与某一条或几条均线系统吻合，这样做出的均线系统会对K线系统提供更有效的支撑或者压力。

（3）还有就是用趋势线、均线以及波浪理论综合判断，这个计算过程就比较多了。

（4）最复杂的是对综合判断的结果做概率统计，计算趋势线、均线、以及波浪理论的结果所形成的矩阵的解集，并且使得这个解集符合目前行情的总的波动区间的合理分布，然后从这个解集中提取阻力位和支撑位，这个方法的计算量相当大，非常复杂，但它很精确，适合做长线期权组合。

## 5. 止损！止损！止损！

止损是指当某一投资出现的亏损达到预定数额时，及时斩仓出局，以避免造成更大的亏损。其目的就在于投资失误时把损失限定在较小的范围内。在外汇交易中，止损真正的含义是交易者设置的止损价格不应该被击穿，止损区域将被市场保护，是一个绝佳的防守点。当市场价格接近止损区域，市场必将反转；当市场价格击穿止损区域，那么市场必将触发止损，价格升高还会更高，价格变低还会更低。

"止损！止损！止损！"重要的事情说三遍！在投资领域无论你是想成为赚钱的高人，还是不要赔钱的普通人，都离不开止损。学习投资的关键就是要学会止损。

止损，也称作割肉，分为主动止损和被动止损。业内人士常用"鳄鱼法则"来形象地描述止损及其重要性。"鳄鱼法则"是假定一只鳄鱼咬住你的脚，如果你用手去挣脱你的脚，鳄鱼便会同时咬住你的脚与手。你越挣扎，就被咬住得越多。所以，万一鳄鱼咬住你的脚，你唯一的办法就是牺牲一只脚。在外汇交易市场，"鳄鱼法则"就是指当你发现自己的交易背离了市场的方向，必须在预定的损失数额内止损，不要有任何延误，也不要存有任何侥幸。

大部分外汇交易者会亏损的主因就是"输不起"，他们很讨厌亏损，不停地变动自己的止损仓位，总是找各种借口、理由继续交易，千方百计地为自己的交易辩护，却不断地自欺欺人，对亏损视而不见，直到亏损大到不得不砍仓出局，遭受巨大损失。

外汇交易是杠杆交易，外汇交易者要根据自己所能承受的最大亏损额度来控制风险。一般情况下，外汇交易新手在交易时发生亏损的话，不愿意出场，幻想着全身而退，汇价往往一去不返，亏损持续扩大；而对专业的交易者来说，他们会迅速摆脱亏损的交易，一旦市场与预判不符，他们会迅速处理，并控制情绪，继续下一场交易。通过设置止损来迅速控制自己的仓位进行平仓是他们会采取的重要措施之一。

止损不能规避风险，但可以避免遭受更大的意外风险。建立合理的止损原则相当有效，谨慎止损原则的核心在于不让亏损持续扩大。需要注意的是，设置好止损之后，执行也是非常关键的部分。

从事外汇交易必须承认中间有可能出错，这是不可避免的事情，承认这一点，才能在出错时及时止损离场避免小错铸成大错，最后弄到深陷泥足。事实上，止损盘的作用是保护炒汇者在决策上出现错误时减低损失的不二法门，我们常说一次意外足以致命，但若能够小心利用止损盘的话，就可以化险为夷、趋吉避凶。

外汇交易中设置止损的几个要点：

（1）要从外汇市场的大趋势着手，在外汇技术图形上寻找以往(历史行情)的重大关口，以及曾创下新高或新低的价位。外汇投资者可以尝试从中寻找规律，找到准确的止损点位。

（2）利用外汇技术分析来判断价位，包括关键支撑位和阻力位，这都是非常关键的。只有准确判断了这些关键位，才能把握正确止损时机。外汇投资者需要重点关注这一要点。

（3）不管是外汇入门投资者，还是资深投资者，大家都要多关注外汇基本面消息，包括重大新闻事件如非农行情等，以及各国政府或央行官员曾经强调的价位情况。

## 6. 外汇投资的三重境界

做人做事，观念不同，思想不同，价值观不同，导致最终生活的境界也不同，对于投资来说，规律亦然。从投资门外汉成长为一个真正的投资高手，这期间一定会经历不同的心理变化，如果能够找准自己的位置，看看自己位于投资的哪一重境界，对于自己的投资生涯也会有很大的帮助。

常言道："冰冻三尺，非一日之寒。"交易高手也不是天生就是高手，而是经过不断的交易磨练出来的。把投资比喻成打游戏，想成为高手也得需要不断升级才行。接下来，我们看看外汇投资的三重境界是什么。

第一层境界：刚入门的自以为是。

这一境界的外汇投资人，严格意义上说还不能称为投资人，只能算作想小试一下"玩心居上"的人，这部分人具备一些投资理财意识，如果身边也有人在做外汇投资，于是报着试一试的心态来尝试。如果碰上好运气，进场小赚一笔，就会自以为是地认为汇市很简单，外汇赚钱挺容易。如果再赢几把，就信心大涨，一周下来赢了几万，就认为自己有炒外汇的天赋，就已经是一个高手了。然而当自己真正进入交易的时候，价格就和自己反着走，于是自己赶紧反向操作，但是价格又反过来了，于是又赶紧反向操作，但是价格又反过来了……如此反复不止。为了避免损失，在不利于自己的趋势上加倍，意图摊平——有时是能够成功地摆脱亏损，但更多的时候会灰头土脸——当这个阶段持续了两周左右，于是，不得不开始自我反省，意识到汇市远没有自己以为的那么容易，自己要想在汇市继续下去，就得让自己不断提高，重新看待汇市和自己的投资能力。此时，就进入了第二层境界。

第二层境界：吃到苦头后的冷静应对。

这一境界的投资人，因为有了前面对于汇市起起落落不好把握的认识，加上自己赚少赔多的真实体验，认识到炒外汇其实不简单。操作上，明白不能蛮干，要有方法和技巧，于是想方设法寻找和学习各种炒汇知识。于是购买系统、书籍、浏览各个网站，在这个境界，爱学习的投资者俨然成了一个知识狂，疯狂地接受大量的信息；开始钻研技术、K线、看行业专业点评等等。然而，还是亏得多，赢得少，于是开始怀疑自己的能力。喊单，跟着别人做，还是不行；那就求助于付费服务，结果还是不适合自己。

可以说，有50%的人处于前两个阶段。这个阶段持续的时间可能是一个月，也可能是一年、十年，甚至有的人一辈子都突破不了。这一境界的人，多少懂了一些止损的重要性，但是不知道怎样设置止损才合适，有时候价格在止损后又按原来的入场方向走，于是很懊悔，这也是有时候你又不进行止损的理由。但总地来说，第二境界的人知道了总结经验以及分析错误，学会了冷静分析和思考，这样就进入了第三层境界。

第三层境界：渐入佳境后的茅塞顿开。

这一层境界的投资人往往掌握了很多理论知识，也拥有了不少实操经验，在赔与赚的过程中茅塞顿开，知道赔是如何赔的，也知道赚是如何赚的，开始觉得炒外汇入了门。在操作上，有完整的操作模式，有明确的作战计划，并且有明确的依据。虽然有时候还是会亏钱，但亏钱时能够及时止损，只亏小钱；赚钱时能让利润奔跑。心态上，不再激进也不再悲观，知道了合理布局、轻松应对。面对外汇涨涨跌跌心静如止水，能耐得住寂寞，在该出手时就出手！在炒外汇成功的同时，不知不觉中也把自己的人生境界炒到一个新的高度。

如果一个投资人想要通过投资让自己的财富增值，又不盲目蛮干，潜心研究和学习，那么终有一天会从第一层境界上升到第三层境界，成为一个投资高手，而不是在投资的过程中要么赔光不敢尝试，要么对自己的投资能力失去信心从此不敢涉足。

# 第十一章
# 期货——财富的过山车

下篇 投资理财工具篇——把握最有效的投资理财工具

## 1. 涨也赚钱，跌也赚钱

对于期货，百科给出了这样的定义：一般指期货合约，就是指由期货交易所统一制定的、规定在某一特定的时间和地点，交割一定数量标的物的标准化合约。这个标的物，又叫基础资产，是期货合约所对应的现货。这种现货可以是某种商品，如铜或原油；也可以是某个金融工具，如外汇、债券；还可以是某个金融指标，如三个月同业拆借利率或股票指数等。广义的期货概念还包括交易所交易的期权合约。大多数期货交易所同时上市期货与期权品种。期货交割的日子可以是一星期之后，一个月之后，三个月之后，甚至一年之后。交易双方不必在买卖发生的初期就交收实货，而是共同约定在未来的某一时候交收实货，因此中国人就称其为"期货"。

做过股票的人都知道，股票要是跌破了自己的成本价，你只有暂时被套，或者是亏钱卖了，只有当股价重新涨上来才可能解套。也就是说，不论你怎么买股票，只有股票涨了，才能有利润。而期货不一样，它除了提供低买高卖的机制，还提供另一种机制：先卖，后买。打个比方，你预计某个商品会涨价，你可以在价格低时先买进，等价格涨上去之后你卖掉，你就赚了，对吧？如果你预计现货价要跌了，你可以先在高位找别人借点先卖了，等价格跌下来之后你在低位买回来还给别人就可以了，这样你也赚到了差价，对吗？因为这个市场是合约式的，所以可以先卖出去再买回来平仓。所以，才有了一种让人心动的说法："炒期货，涨了赚钱，跌了也赚钱，关键看会不会操作。"

期货交易与股市的一个最大区别就是期货可以双向交易，期货可以买多也可卖空。价格上涨时可以低买高卖，价格下跌时可以高卖低补。做多可以赚钱，而做空也可以赚钱，所以说期货无熊市。

知道了期货双向交易的优点，大家会不会觉得期货无风险，非常好操作呢？错！期货的投资与股票一样，甚至比股票还难。炒期货的人说："期货炒得好的人做股票都很容易，因为炒期货难度比炒股大很多。"其实无论是股票还是期货，投资的根本逻辑是相同的。在投资界流传一个经验：交易市场有个规律，20岁成名的一般都是外汇高手，30岁成名的是期货高手，而股票一般都要到40岁。这是为什么呢？主要原因是外汇考验的是交易员随时的反应速度，在200倍杠杆下，输赢就是一瞬间，但是财富如流水，只知道赚钱不知道收缩，来得快去得也快，所以外汇交易很少看到大神级人物；而期货呢，除了应变之外，还考验对趋势的判断，这就需要一些年月积累，很多行家一笔持仓能翻几十倍，同理，风控也非常重要。

我对期货的经验是：不要像炒汇那样快进快出，也不能像股票一样，拿价值投资换取价格。开始时要少资金去玩，最好一万元以下，要给足时间自己磨练，别玩个一年半载的就说期货坑人，正常来讲期货远比股票深奥，正常人要读懂它并能赚钱要五到七年时间。高收入的人建议别碰，可能会断送目前的美好生活。同时，要做好心理准备，如果连续三年都亏钱还是别做了。

## 2. 风险防范永远大过赚钱

在期货市场中风险防范和控制应该听得比较多，但是风险的防范往往大多数投资者都没有做到，只顾着期市的盈亏去了，往往忽略了风险的存在。风险控制在期货交易中占有很大分量，无论对于哪种投资，都要先保住本金才能有机会盈利。期货市场是一个充满风险的地方，是高利润伴随着高风险的投资。在期货交易中90％的期货投资者，都难免遭遇失败、亏损的命运，成为期货市场中的牺牲品。这是很残酷的事，也是铁一般的事实。

与现货交易和股票投资相比较，投资者在期货市场上投资资金比其他投资要小得多，俗称"以小博大"。期货交易的目的不是获得实物，而是回避价格风险或套利，一般不实现商品所有权的转移。期货市场的基本功能在于给生产经营者提供套利保值、回避价格风险的手段，以及通过公平、公开竞价形成公正的价格。我认为，无论对于个人投资者来说，还是对于机构投资者来说，期货市场都是一个很好的市场。但是，期货市场上价格的波动更大，更为频繁，其交易的远期性也带来更多的不确定因素。交易者的过度投机心理，保证金的杠杆效应，这些无疑增大了期货交易风险产生的可能性。可以说，期货投资的风险是非常大的。因此，投资期货市场应首先考虑的问题是如何回避市场风险，只有在市场风险较小或期货市场上投机所带来的潜在利润远远大于所承担的市场风险时，才可选择入场交易。

期货投资的主要风险来自以下几个方面：

（1）杠杆使用风险

资金放大功能使得收益放大的同时也面临着风险的放大，因此对于10倍左右的杠杆应该如何用，用多大，也应该因人而异。水平高一点的投资者可以应用5倍以上甚至用足杠杆，水平低的投资者如果也用高杠杆，那无疑就会有风险失控的危险。

（2）强行平仓和爆仓风险

交易所和期货经纪公司要在每个交易日进行结算，当投资者保证金不足并低于规定的比例时，期货公司就会强行平仓。有时候如果行情比较极端甚至会出现爆仓，即亏损大于你的账户中的保证金。如果爆仓导致亏空且由投资者的原因引起，投资者需要将亏空补足，否则将会面临法律的追索。

（3）交割风险

投资者可以在期货合约到期前对冲平仓，如果不能及时完成对冲操作，就要承担交割责任，那时就要凑到足够的资金或者实物货源进行交割（货款是保证金的10倍左右）。对投资者来说，如果不选择交割，那么在临近交割期时最好不要再持有相应的合约。这是期货市场与其他投资市场相比较为特殊的一点，新入市的投资者尤其要注意这个环节，尽可能不要将手中的合约持有至临近交割，以避免陷入被"逼仓"的困境。

虽然期货交易的风险很大，但投资者可以通过有效的防范来规避风险，减少损失，增加自己在交易过程中的收益。

一般投资者最爱犯的风险错误有：最大资金回撤、单笔最大亏损、风险与回报比例等等一系列问题，以及乱开仓、乱加仓，急切追求盈利。在此基础上，风控永远是第一位，从新手就要开始并坚持做好风控，不经彻骨寒怎能自律。

在期货交易中要选择自己熟悉、有把握、交易活跃、波动性好的品种，在选择好品种后要参与交易量大、持仓量大的合约月份，也就是主力合约，这也是风险之一。在交易的时候，切忌不能重仓或者满仓去赌一个品种，这属于赌徒行为，会有强平的风险。一个品种的时候，也不要随意开仓，要去计算开仓的风险度，风险过高，不开仓，风险小些才开仓，这样胜算才大，风险超过一定数值，切忌不能开仓，要保证资金回撤小，把握大的赚钱行情。

止损是在市场中控制风险和扩大利润的有效手段。把止损、止赢永远记在脑子里，无论在何时交易都应严格执行保护性止损措施，亏钱的单子止损要快，赚钱的单子则可以留着跟大势走，把亏损限于小额，让利润充分增长。最重要的一点是，永远不要在赔钱的单子上加码。总之，投资者只要在充分了解期货市场风险的基础上，合理做好期货交易的风险管理，就可有效地控制期货交易风险，提高自身的盈利水平。

## 3. 像对待信仰一样对待技术

有人把期货比喻成赌场，要想在这里赚钱或者不被割韭菜，就要学一些赚钱技巧。但是，大部分在期货里的人，熟悉了技术依然亏得垂头丧气。如果期货真是赌场，那么，即使你拥有了老千一样的手段，也难免最终不会出局，这就给我们广大的投资者一个警示：要带着信仰的心态去看待技术。简单地说，就是不要把技术当成金科玉律，也不要期望短期内凭着一点三脚猫的看技术功夫就想在期货这个赌局中胜出。学佛修道凭的是个人悟性，赌场胜出靠的也不仅仅是技术，还有个人的心态和气度，这些足以构成整个投资过程中的起伏不定。

大多数交易者是不能正确地看待、理解技术分析的，他们想当然地认为技术分析是预测行情的，笃信所谓技术分析高手更是可以准确无误预测未来发展行情的。但实际上，学习了技术分析的交易者有一个特点，也可以说是通病，就是把自己学成了一根竹子。此话怎么讲？就是腹中空空，嘴上动静特大。学了点技术分析就高谈阔论，自己学到点技术分析理论、心得后就开始添油加醋、不加思考地全都倒了出来。这也是广大交易者交易难以进步的核心症结。

金融交易专业性很强，修养、纪律、策略和技术，缺一不可。策略和技术是基础，直接决定每笔交易的盈亏；纪律使得盈亏有着一致的统计规律性；而修养是能否最终成功的关键。交易对生活和人生而言并非不可或缺，但操作金融市场是最好的历练，浓缩了人生，更尽显了人性。生存下来的人，拥有远比其他行业从业者更多的优点、更少的缺点和更深的人生感悟。他们的一生胜过其他绝大多数人的人生总合。市场是人生的缩影，以交易为生就注定了一生的不平淡。这也是我为什么说要像看待信仰一样看待技术，"路漫漫其修远兮"。

当然，技术的参考是所有投资者要学习和掌握的，毕竟数字能够说话，能够告知你一些市场的现状，这才是技术分析的价值所在，但你不可全信这些数字，因为本质上它们是随机的，交易中每一个价格都是独立的，但是也的确存在一个范围，这个范围才值得研究。所以交易资料应当重视最高价、最低价，由于在极短的交易时期记忆存在被操纵的可能，所以在做资料记录时要尽量忽略极短期内的波动。那么，究竟以多长时间为最佳？

技术分析的终极难题就是时机，可以包容基本面分析，甚至可以包容经济、社会、文化、科学、人性等一切方面的分析，这不是夸大其词，因为技术分析是直接与时机打交道的，而万事万物都离不开时机，所以技术分析的最高境界是一通百通，大道唯一。

因此，技术分析的最高境界目前也只能达到一种胜算较高的直觉层次，通过手工记录一定时期的高低价，的确可以形成一种直觉，但胜算如何，仍然得由市场定。

在看待和分析技术的同时，自己首先要静下心来，好好回忆。在生活中的性格是偏向激进，还是略微保守？对事物的判断善于把握内在逻辑，还是对表象的变化十分敏感？这决定了在交易系统中技术分析和基本面研究的占比，同时也决定了你是更倾向于短线，还是更适合长线持有。

除此之外，还要了解自己目标中的交易系统是以什么为强项，以什么为弱项？是想要以盈亏比占据优势，还是以胜率占据优势？只有这样你才能明确地知道自己究竟应该设置怎样的进场标准和怎样的出场标准，同时资金管理又该选用怎样的模式。

最后，一个想有所成就的交易者，要通过学习技术分析来观察市场，而不是匆忙地从事交易。在学习观察市场当中，可以自己从事模拟交易。学习期货一上来就懵懵懂懂的自己做实盘是最不可取的。商品社会的一切都是拿金钱计算的，包括我们交易者的生命本身，所以千万不要匆忙地来到这个市场后，不知所以地挥霍自己的生命。要把技术分析当作技艺来学，学习技艺要精益求精，要缓慢，欲速则不达；要讲究精打细磨、独具匠心地学习技术分析，把书本上、视频里的技术分析学成自己的。每个交易的学习者要对自己的交易生涯有一个总体的规划、设计。

## 4. 日内交易者的三板斧

影响期货价格的因素很多，这些所有的影响因素综合在一起共同决定了不同品种日内和日间的价格走势。其中对于长线投资者来讲，基本面的分析很重要；而对于日内短线的投资者来讲，盘面时间点分析、心理状态的把握以及技术指标的掌握是关键。

就期货行情来说，其实就是上涨、下跌、横盘三种走势；对于操作来讲，就是买、卖或者观望；如果稍微复杂点，就是长线、短线、超短线，单边或者套利，程序化交易等。分析方法也就是基本分析法和技术分析法。

但一般人根本没必要全部掌握这些知识，没必要十八般武艺样样精通。比如你做长线，把商品大周期的供需情况了解清楚就行了，而日内的小波动，可以忽略不计；你做日内短线，就关注盘口变化，看一分钟走势即可，而基本面供需变化，则可弃之不顾。怕就怕贪心不足，妄想把每个波动都把握住，长、中、短线都做，套利、单边都参与，结果思维混乱，不亏都难。怕就怕追求面面俱到，每一方面都考虑，都要完美地相互验证，才做决断，结果错过行情或者做错行情。

做日内期货交易技巧有着很好的连续性，不会造成突然的死亡。这样就比较容易控制住风险。很多日内短线好手，做过夜仓都容易造成亏损，有时候还是致命的。而日内交易相对来说就比较好把握。做日内可以有效避免外盘和消息面的突发影响，做好了也不错。在行情不明确的时候做日内比做趋势风险小，利润高。一天只做一次，以及15天只做一次和做短线并不矛盾，主要是等待好的机会保证出手就赚才是真理。

日内交易要重视三个要点：

（1）善于分析盘面时间点

开盘价是在 8:55—9:00 之间确定的，它作为一天的起点，是多空双方经过考虑、斟酌之后通过集合竞价方式产生的。开盘价主要是受国内消息的影响，因此大多顺延昨日尾盘而开盘。次日开盘价的预测除了关注隔夜外盘情况之外，也受突发性事件的影响。另外，对于一些国际性的商品，一般来说，外盘价格与国内品种价格之间有一个稳定的比值关系，投资者可以根据外盘的收盘情况，预测出内盘开盘价的大致范围。9:00—9:30 是日内走势的重要观察阶段，在这一阶段，有的买卖单子并不能成交，存在一个问题就是并不是所有交易者都认可这一开盘价，因此开盘之后资金通过对各项消息的进一步确认后建立头寸，从而多空双方在搏杀中进一步修正开盘价。开盘后 5 分钟主要是消化隔夜外盘以及消息面的影响，期价存在过激反应，后面的时间主要是对过激期价进行修正，这种修正多出现在开盘即大幅下跌或者大幅上涨的走势中。经过修正后的开盘价对一天的走势都具有重要的参考作用，通常也把开盘后的半小时作为一天中最为重要的观察时段。9:30—14:30 是多空拼杀阶段，也是一天中交易时间最长的时段。这段时间内资金的关注度以及多空方向的选择对价格的变化起重要的作用，而成交量和持仓量是对资金偏好的一种外在表现，主要用于判断价格涨跌的持续性。14:30—15:00 是多空力量的确认和尾盘修正阶段，经过厮杀，日内多空力量已经得到确认，一般体现出强者更强、弱者更弱的特征。但是在离收盘前 15 分钟内，价格一般会出现相反的走势，特别是收盘前 10 分钟。究其原因主要有以下两方面：一是日内炒单者选择平仓出局；二是大量资金通过对未来市场信息的理解和消化来预测明日价格走势，从而选择多空方向进入市场，以上两方面的因素相互影响造就了尾盘的大幅波动。

（2）日内短线交易所需要的心态

心理沉着冷静，气度优雅，打开机器，让市场在自己的面前一秒一秒展现，如果市场出现符合自己的交易机会及时介入，赢了不喜形于色，输了不垂头丧气，错过不懊悔，牢记技术要领，进退有据，仅此而已。大部分人为什么模拟比实战做得好，主要原因就在心态上。实战时心态不平和，赚了还想赚，赔了就急于扳回来，交易混乱，进退失据，最终造成交易的不成功。交易要树立这样一个观念，按照自己的规则做了，不论输赢都不后悔，当兵打仗就不能怕死，做交易员就不能怕赔钱，只要按照规则做了，就没有什么后悔的。俗话说："有什么样的心态决定成就多大的事业。"

（3）日内短线交易的交易原则

1）要树立薄利的交易思想。日内短线不能贪，给自己规定一个合理的利润空间，达到目标时要立即出局，然后重新评判市场，耐心等待市场给出的下一次交易机会。

2）尊重市场，顺应市场。日内超级短线的交易员不能对市场有预判，心空才能接纳市场，融入到市场里。交易员在市场面前，要永远保持自己谦卑的姿态，在市场面前，我们永远是无足轻重的。

3）要精选符合自己交易原则和自己熟悉的交易机会，不打无把握之仗。做到不出手则已，出手必胜。日内超短交易获利很薄，要靠出手的成功率获胜，这一点尤其重要。

4）跟其他类型的交易方式一样，控制风险也是日内超短交易的重中之重。打个比方，日内超短交易就好像打游击，以获得实利作为交易的出发点和最终依归，打得赢打，打不赢立刻撤退，保存自己的有生力量，等待下一次机会。

## 5. 直觉、盘感和微逻辑

在期货投资上，有的人非常有经验，讲起来一套一套的。我有个朋友就属于这个领域的专家，他给我传授的秘籍是：期货要凭直觉和盘感，同时还要懂微逻辑。

所谓的直觉，就像人的第六感，这种感觉本身就包含了信号、技术、模型、操作、分析、预测和心态等一切要素，只是这一切要素都化为了直觉而已。一切技术要素都是死的，没有灵魂，技术的灵魂是人的感觉。只有一切技术内化成了感觉，不期其然而然，这种直觉才能成为真功夫。直觉不是凭空产生的，而是千锤百炼形成的，是不断检视自己的内心，用正确的心理程序替换原先错误的心理程序，程序稳定之后内化成了本能就形成了直觉。检视自己的内心程序最为重要，看看自己内心顽固地让自己坚守的那个程序到底是什么。如果这个程序不找出来加以修改，就算一套很好的技术放在面前也是无法运用的，你的程序会让你本能地排斥一切不符合自己程序的东西。所以，检视自己的内心，是修炼功夫，达成直觉的第一步。

有了直觉，对于盘感就好理解了。盘感，有点类似于我们所说的预感、直觉，甚至潜意识，虽没有严格的定义，但基本上属于见微知著、先知先觉这一类。我们认为，盘感其实是一种对波动的判别能力，是从不完备信息中得出的相对可靠结论的一种能力。同样是盯盘，盘感好的人捕捉到的信息一定比别人更多、更细一些，总结的能力也更强一些。所以，盘感是一种高维思维，有盘感的人可以见别人之未见、想别人所未想。盘感不是靠善猜硬币的小聪明得来的，而是靠昨天的一点一滴的积累得来的，它是一种融化到血液中的市场感觉，是一种下意识的反应。要想拥有良好的盘感，就得坚持按照一定的模式细心观察、认真总结，训练，训练，再训练，直至和市场产生共振。

有了直觉和盘感后，接下来就会对整个操作系统有一定的逻辑性。

逻辑是人的一种抽象思维，是人通过概念、判断、推理、论证来理解和区分客观世界的思维过程。在投机市场里，我们可以简单地把逻辑关系理解成"因为，所以"的关系，比如从A严密地推出B，这个过程就是有逻辑的；从A"大致地"推出B，这个过程就是基本有逻辑的；从A无理由地得出B，就是无逻辑的。对以上三种情况，针对前提对结论支持的程度来分析，我们把推理分为三种：强逻辑、弱逻辑、无逻辑。事实上，从A"大致地"推出B，如果这个"大致"可以有精确的概率数值，也可以被认为是强逻辑的。我们知道，有一些行业核心技术是依赖经验和直觉的，这就是所谓的艺术性，这种预判或反应似乎并不合乎逻辑，但这种能力却又是真实存在的，因为其准确率就是实证。我们把这种"不合逻辑"地推理出可靠结论或做出正确反应的能力叫作"微逻辑"能力。

我们所说的"微逻辑"，是有其内在必然性的。"微逻辑"是根据微妙的动向去感知事物发展的方法，比如行情走势等，它是判断、推理和理解市场等不易定量的对象的特殊逻辑。它有点类似于直觉和弱逻辑，但不单单是依靠经验，更不是猜测。"微逻辑"在心理学上有直接的证据，比如，人有时虽然不说话，但肢体传达出来的本意要多于语言，有统计认为肢体传达的信息占55%，语言只占45%，所以一个人无论城府多深，都无法全部屏蔽自己的真实信息，完全的伪装是不可能的。不过，对肢体语言的观察和解读能力因人而异，这就是"微逻辑"的能力不同。

"微逻辑"是一种知微见著的能力。它不是无端猜测，虽然它超越了正常的、有充分条件的逻辑推理，但它基于先前的经验，并有能力获取别人无法把握到的不明显的、微妙的信息。同一个市场，不同的人去观察盘面情况，比如对瞬间的挂单撤单、成交量和空盘量的微妙变化的捕捉速度和程度是不一样的，所以他们得出结论的准确度和快捷度也是不一样的，因为看到的前提不一样。这就是微逻辑能力的差别。

无论是直觉、盘感还是微逻辑，都需要投资者日积月累。当你经历的越多，学习的越多，自然而然直觉和盘感就被触发了。

## 6. 期货的交易哲学

期货本身的特性决定了哲学辩证、宏观全局在交易中的重要作用，我认为，这是期货交易的基础。伟大的哲学家苏格拉底曾说过：承认自己的无知，有效地界定自己的能力范围。一个投机市场的新手最渴望知道的事情是什么？是下个月的价格，下周的价格，明天的价格。许多投资者在自己的期货生涯中都曾陷入预测价格的怪圈，无法自拔。

期货交易好比开车上路，如果驾驶员只注意眼前几米，确实可以躲避大坑和障碍，防止翻车。但是，如果仅仅如此，他可能早晚会撞墙或者跌入悬崖，因为没有注意更远的东西。期货交易也应站得高，才能看得远。

我们看一个故事：

泰勒斯被称为"古希腊哲学之父"，也是人类有历史记载以来第一个期权交易者。泰勒斯出生在希腊一个商邦，那个地方重商业轻哲学，当初很流行一个观点，有能力的人经商赚钱，没本事的人去研究哲学，实战派交易员不大看得起经济学金融教授，有钱人看不起哲学家。一些有钱人就说：

别看泰勒斯是哲学家，但他也是个穷小子。最初，泰勒斯听了一笑置之，听了太多之后他决定给大家展示一下，哲学家如果要赚钱的话会怎么样。于是他做了一笔交易，购买了来年所有橄榄油压榨机的使用权，大家注意，他没有购买未来那一年所有的橄榄油压榨机，如果他买的是明年所有的橄榄油压榨机，这就是一笔期货交易，他需要准备一大笔资金，而且万一明年橄榄油不丰收，他就要处理这么多的机器，这其实是一个很重的资产。但是他买的是来年所有橄榄油压榨机的使用权，这就是一笔期权交易，成本会低很多，万一来年橄榄油不丰收，这个权利他是可以放弃的，所以这是一笔非常轻的资产。因为泰勒斯具备天文学知识，他预测到明年橄榄大概会是丰收的。后来橄榄果然丰收了，所有的人都求着他把橄榄油压榨机的使用权给他们，泰勒斯一举就成为全希腊最富有的人，于是他就跑去研究哲学了。他只留下一个传说——如果哲学家要挣钱，就没商人什么事了。

这个故事告诉我们，最高境界的交易需要深谙交易哲学，要有知识和远见。进入这个境界的投资者能够清醒地认识到尊重、服从而不是想象市场，即尊重市场的不确定性。他们绝非技术至上论者，成功的交易者通常已进入哲学境界，具备稳定盈利的能力，他们了解自身的优势，有所为，有所不为。如果将哲学境界的市场交易者划分为点、线、面三种类型，则点为低频交易者，他们知道哪些机会适合精确打击；线为中频波段交易者；面为超高频交易者，他们有过人的日内交易天赋和盘面识别能力。

做期货，要有一种哲学思辨精神，知道利弊、盈亏、进出等都不是绝对的，而是相对的，同时又是相辅相成的。不要让自己对市场的任何技术性判断凌驾于市场之上，要让自己具有强大的心灵或人性控制力。当市场出现出乎意料的波动时，人们最容易产生心理波动，在这种情况下，轻判别、重服从非常必要，要让自己的大脑对心理波动进行控制，使心灵服从大脑，大脑服从市场。做到控制风险第一，放飞利润次之；小亏多于大赢，大赢多于大亏。要有营造哲学境界的意识，达到这种境界后一定会让自己处于稳定盈利状态。

# 第十二章
# 贵金属——吹尽黄沙始见金

下篇

投资理财工具篇——把握最有效的投资理财工具

## 1. 在贵金属里淘金

贵金属主要指金、银和铂族金属（钌、铑、钯、锇、铱、铂）等 8 种金属元素。这些金属大多数拥有美丽的色泽，对化学药品的抵抗力相当大，在一般条件下不易引起化学反应。贵金属投资分为实物投资、带杠杆的电子盘交易投资以及银行类的纸黄金和纸白银。其中实物投资是指投资人在对贵金属市场看好的情况下，低买高卖赚取差价的过程，也可以是在不看好经济前景的情况下所采取的一种避险手段，以实现资产的保值增值。电子盘交易是指根据黄金、白银等贵重金属市场价格的波动变化，确定买入或卖出，这种交易一般都存在杠杆，可以用较小的成本套取较大的回报。

在贵金属投资中，尤其是黄金不用担心贬值，黄金的价值一直受到全球承认。如果资金周转不灵，可以把黄金进行典当，之后再赎回。典当抵押也很方便。除了黄金以外还有古董、字画等等。但是由于古董、字画等投资品的赝品在市场上实在是不少，因此从这方面来看，黄金典当就要容易得多，需要的只是一份检验纯度的报告。

黄金被称为"没有国界的货币"，是在任何环境下最重要、最安全的资产。从古至今，黄金都被称为是永恒价值的代表。黄金在交易市场中最主要的功能就是保值。在当前股市持续走低，我国 CPI 持续处于高位的情况下，炒股或者把钱存进银行的前景都不甚明朗的情况下，选择将闲散资金用于黄金投资，或许是个不错的选择。

黄金虽然属于贵金属投资中的佼佼者，但是现货黄金投资也不能贸然入场交易，首先，需要等待趋势明朗之际才考虑进场；其次，需要慎重对待重要价位，比如黄金的价格整数价位、重要支撑和阻力位等，通常它们在没有强大外因的刺激下，其实很难被有效突破；另外，投资者在假期休市前还应该注意调整好自己的交易思路，以及拟定新的投资策略。

投资者想要分析现货贵金属行情，首先，可以从消息面上多了解贵金属市场动态新闻，以便根据一些专业的数据来判断市场大致走向；其次，可以从技术面分析，通过实盘K线图来判断最高点和最低点，根据以往的数据分析来确定市场的走向；最后，投资新手最好是分析好行情之后开始入金交易，比如可以多用模拟软件操作，等建立了能更好判断行情的信心后进行交易。

目前国内投资贵金属途径比较有限，正规的渠道有上海黄金交易所、上海期货交易所和商业银行。上海黄金交易所的贵金属产品有现货，还有"T+D"延期交易产品。这些产品可以在各大网上银行购买，开通就成。

"T+D"交易中，手续费是双向收取，大致在千分之十五（1.5%）左右撮合成交。准备金会根据点位随时调整。但切忌满仓交易，万一被套而账户中的准备金又不足，是会被强制"出局"的。银行则有实物黄金等产品及"T+D"延期交易。期货交易所门槛比较高，适合资金量大的投资者。

贵金属作为投资市场上不是非常热门的投资品种，更考验投资者的眼光和投资技巧，只有在多种金属产品中学会淘金，才能让贵金属投资之路走得顺畅。

## 2. 影响黄金涨跌的因素

影响黄金价格的因素比较多，涉及的知识面比较广。当前的黄金价格是由美元汇率、国际局势、全球通胀压力、全球油价、全球经济增长、各国央行黄金储备增减、黄金交易商买卖、黄金现货供求关系等多种综合因素影响的。综合来说，主要是黄金本身供求关系的影响和经济、政府带来的影响。当我们在做黄金交易时，影响黄金价格的因素是我们必需了解的，这关乎到我们投资的收益水准，关系到每个黄金投资者的切身利益。

（1）美元汇率

黄金市场有"美元涨则金价跌；美元降则金价扬"的规律，所以，美元汇率是造成黄金涨跌的重要参考因素。美元走势强劲，一般代表美国国内经济形势良好，美国国内股票和债券将得到投资者竞相追捧，黄金作为价值贮藏手段的功能受到削弱。当美元汇率下降，因为美元贬值往往与通货膨胀有关，而黄金价值含量较高，在美元贬值和通货膨胀加剧时往往会刺激对黄金保值和投机性的需求上升。

（2）战争或局势震荡时期

国际上重大的政治、战争事件都会影响金价。政府为战争或为维持国内经济的平稳而支付费用、大量投资者转向黄金保值投资，这些因素都会扩大对黄金的需求，刺激金价上扬。如两次世界大战、美越战争等，都使金价有不同程度的上升。黄金一直被视为避险投资品种，其原因之一就是在战乱及政局震荡时期，黄金需求加大，会刺激金价上涨。

（3）通货膨胀

如果通胀率在正常范围内变化，对金价的波动影响并不大。只有在短期内，物价大幅上升，货币的单位购买力下降，引起人们的恐慌时，金价才会明显上升。一个国家货币的购买能力，是基于物价指数而决定的：当一国的物价稳定时，其货币的购买能力就越稳定；相反，通货率越高，货币的购买力就越弱，这种货币就愈缺乏吸引力。所以，如果美国和世界主要地区的物价指数保持平稳，持有现金也不会贬值，又有利息收入，必然成为投资者的首选，黄金的需求则会相应减弱。相反，如果通胀剧烈，持有现金根本没有保障，收取利息也赶不上物价的暴升。人们就会采购黄金，因为此时黄金的理论价格会随通胀而上升。西方主要国家的通胀越高，以黄金作保值的要求也就越大，世界金价亦会越高。其中，美国的通胀率最容易左右黄金的变动。

（4）利率

利率与黄金有着密切的联系，通常利率水平和金价成反比。因为投资黄金不会获得利息，其投资的获利全凭价格上升，因此，在利率偏低时，投资黄金会有一定的益处。但是利率升高时，收取利息会更加吸引人，无利息黄金的投资价值就会下降，因为既然黄金投资的机会成本较大，那就不如放在银行收取利息更加稳定可靠——特别是美国的利息升高时，美元会被大量吸纳，金价势必受挫。

（5）黄金产量

金价是基于供求关系的。如果黄金的产量大幅增加，金价会受到影响而回落。相反，如果出现矿工长时间罢工等原因使产量停止增加，金价就会在求过于供的情况下升值。此外，新采金技术的应用、新矿的发现，均令黄金的供给增加，表现在价格上当然会令金价下跌。一个地方也可能出现投资黄金的风习，比如在日本出现的黄金投资热潮，需求大为增加，同时也导致了价格的节节攀升。纵观全球，黄金需求量最大国是印度、中国，而世界最大产金国是南非、美国、澳洲和中国，因此需要尽量多地关注这些国家的各方面情况。此外，各国央行的储金量也需要关注。

## 3. 金条、金币与纸黄金

在黄金投资上，人们习惯称为硬黄金和软黄金。硬黄金也称为实物黄金，包括有形的金条、金币；软黄金也就是纸黄金。

我们逐一看看这些黄金的具体情况：

实物黄金投资包括金条、金币及黄金首饰，以持有黄金实物作为投资方式，主要是指金币类实物黄金和非金币类实物黄金。金币类实物黄金分为普通金币和纪念金币两种，金币的发行主体是央行，其价值由金币的发行背景、发行量和制作工艺等多种因素决定，实际价格走势和黄金价格相关性不强。普通金币主要有南非福格林金币、美国鹰洋金币、加拿大枫叶金币、澳大利亚袋鼠鸿运金币、中国熊猫金币；纪念币是一种有特殊标志的金币。而非金币类实物黄金发行不需经过国家央行的批准，有一部分也是央行以外的权威机构发行，具有较强的购买价值。

金币属于法定货币，一方面决定了它不只有商品属性，同时兼具货币属性，因此它比普通的实物黄金更具稀缺性与流动性，更具价值；另一方面由于金币是国家发行的，不能假冒，因此投资金币不必担心像收藏艺术品那样担心买到假货。这样说不等于将金币排除于艺术品与收藏品之列，事实上，很多金币之所以备受推崇，不仅仅在于它们的质地，还在于它们的艺术价值和历史意义。古人说得好，"乱世黄金，盛世古董"，金币可谓盛世、乱世皆宜。当然，别管怎么说，投资金币优势虽多，但都得建立在黄金的保值功能这个共同基础之上。这就引出了一个问题：黄金跌价，金币会不会跌呢？综合来看，金币与黄金的价格在短期内是有可能相互关联的，但随着时间的拉长，金币与黄金的价格就不一定会有关联了。

除了金币，实物黄金里的金条、金砖这类的实物黄金不仅黄金重量非常标准，发售渠道也很统一，回购的渠道也很方便，回购费率相对也较低。并且投资黄金不用交税，还可以在世界各地得到报价。虽然金条、金砖也会收取一定的制造加工费用，但这笔费用通常情况下是很少的，除了某些特殊题材的带有纪念性质的，其加工费用就比较高，溢价幅度也会比较大。金条、金砖比较适合于有较多闲散资金且可以进行长期投资的人。

投资者要注意区分两种实物金条：即投资型的实物金条和工艺品式的金条的区别。实物金条，报价是以国际黄金现货价格为基准的，手续费、加工费很少。投资型金条在同一时间报出的买入价和卖出价越接近，则黄金投资者所投资的投资型金条的交易成本就越低。工艺品式的金条，溢价很高，因为有比较昂贵的加工费在里面了，从某种程度上看工艺品式的金条已经不仅仅是纯黄金了，而是工艺品了。真正投资黄金，只有投资型金条才是投资实物黄金的最好选择。

纸黄金也称作黄金凭证，纸黄金投资是一种权证交易方式，买卖双方在黄金市场上交易的标的物是一张黄金所有权的凭证，而不是黄金实物，投资者按银行报价在账面上买卖虚拟黄金，个人通过把握国际金价走势低吸高抛，赚取黄金价格的波动差价。纸黄金投资者的买卖交易记录只在个人预先开立的"黄金存折账户"上体现，不发生实金提取和交割。目前部分银行的纸黄金业务也可以双向交易，在一定程度上提供了更多的做单机会。不过，纸黄金属于全额资金交易，入市门槛比较高，其灵活性较低。此外，风险较低，回报率也较低。

纸黄金与国际金价挂钩，采取 24 小时不间断交易模式，为上班族的理财提供了充沛的时间。纸黄金采用 T+0 的交割方式，当时购买，当时到账，便于做日内交易，比国内股票市场多了更多的短线操作机会，保证金一般为合约值的 6%~9%。交易者可以选择当日交割，也可以无限期地延期交割。上海黄金交易所是以当日的价格来交易的，尽管没有实物交割，但也属于现货交易。

纸黄金的交易成本更低，可以节省实金交易必不可少的保管费、储存费、保险费、鉴定费及运输费等费用的支出，降低了黄金价格中的额外费用，提高了市场竞争力；实物黄金的保值性相对强，可以用来抵制通货膨胀；对一般投资者来说，持有实物黄金心理上比纸黄金投资似乎更为踏实，另外实物黄金可以作为黄金储备，也可作收藏、纪念、礼品等。知道了实物黄金和纸黄金的区别，那么在投资的时候就会有所甄别和选择了。

## 4. 黄金再稳风险也不小

"投资有风险，入市请谨慎。"这句话不仅针对股票和外汇，对黄金投资市场也同样适用。在黄金投资市场中，从行情分析、投资研究、投资方案、投资决策，到风险控制、账户安全、资金管理、不可抗拒因素导致的风险等，几乎存在黄金投资的各个环节。

巴菲特说："投资的第一条原则是不要亏损，第二条原则是牢牢记住第一条。"投资者面对金市这样一个迅速发展并成为热点的理财市场，风险意识显得尤为重要。黄金投资者在从事黄金交易之前，一定要了解黄金交易风险，要求经纪公司的开户人员讲解、揭示其中的风险。黄金投资者应衡量自身的抗风险能力有多大，其中包括心理以及资金的承受能力。

从市场的角度来看，任何资产或者投资的风险都由两部分组成。一是系统性风险，指宏观的、外部的、不可控制的风险，如利率、现行汇率、通货膨胀、战争冲突等，这些是投资者无法回避的因素，是所有投资者共同面临的风险。这是单个主体无法通过分散化投资消除的。另外一个是非系统风险，是投资者自身产生的风险，有个体差异。多元化投资可以在一定程度上降低非系统化风险，从而降低组合的整体风险水平。新手炒金由于缺乏经验，刚开始时投入资金不宜全仓进入，因为市场是变幻莫测的，这样做风险往往很大，即使有再准确的判断力也容易出错。

炒"纸黄金"的话，建议采取短期小额交易的方式分批介入，每次买进10克，只要有一点利差就出手，这种方法虽然有些保守，却很适合新手操作。在黄金投资市场，如果投资者对未来金价走势抱有信心，可以随着金价的下跌而采用越跌越买的方法，不断降低黄金的买入成本，等金价上升后再获利卖出。

对于实物黄金投资，投资者应考虑到回购的问题。首先要想到的就是变现问题，一定要问清卖家能不能实现回购。如果不能实现回购，则该品种可能并不适合投资，只适合收藏。此外，市面上金条、金币等投资品种，发行主体众多，产品的保值、增值能力也千差万别。一般情况下，中国人民银行发行、中国金币总公司经销的金币保值、增值能力最强，银行发行的投资型金条产品次之。

现货黄金占用资金量少，获利周期短，而且没有变现难的问题，可以24小时随时买卖，投资客户不用跑到金店、银行，更不用担心真伪、保管的问题，具有不可多得的优势。对具有一定经验的投资者而言，是实现多元化黄金投资的首选。

针对投资者自身因素产生的，如经营风险、内部控制风险、财务风险等，往往是由于人员和制度管理不完善引起的，建立系统的风险控制制度和完善管理流程，对于防范人为的道德风险和操作风险有着重要的意义。

在选择黄金产品的时候，也要甄别，原料价格市场波动，黄金藏品的投资价值不断攀升。因为黄金藏品不仅具有黄金的本身价值，而且具有文化价值、纪念价值和收藏价值，对新手而言，黄金藏品的投资比较稳当。

投资黄金时要严格设定止盈和止损，不要心存侥幸。一定在下单之前就要有一个清楚的愿望：看涨看跌、长线短线、止盈止损等。但我们也不能完全局限于此，因为市场在随时变化，心态随着市场调整是最重要的。

## 5. 白银投资的发展潜力

与黄金相比，白银更早地应用于造币，进入流通领域，很多国家的货币历史上出现过银本位时代，都曾把银币作为主流货币。因此，自古以来，白银就与黄金一起，被当成财富的象征。白银通常扮演着避险资产和工业金属的双重角色，同时具有这两大特性将大大提升白银的价格。由于白银投资优势渐渐显露，选择白银的投资者越来越多。估值普遍被认为价格偏低的白银正吸引对冲基金和其他短期投资者的介入。

按照比较价值和市场潜力来看，在众多贵金属当中，白银价格是被低估的，所以长期来看，上涨潜力较大。一方面，白银的全球产量增速较慢，每年的最高增长幅度不足5%，并且不易回收，工业用银方面容易损耗；另一方面，近两年来，白银的投资需求每年以50%以上的速度增长。工业用银在金融危机期间有所下降，但投资需求的增长已经填补了实体市场的低迷，随着经济的复苏，实体市场也将出现需求的上涨。白银的金融属性虽然没有黄金那么强，但也高于其他同类产品，在通胀不可避免的大背景下，白银报价偏低，参与门槛也较低，普通老百姓完全可以参与，其需求市场空间巨大。

有资深投资专家预言，白银投资未来发展潜力巨大，因为从投资的角度来看，白银有其自身的优势和潜力：

（1）白银自身发展价值高。由于白银的工业用途相对黄金更广泛，随着经济增长带动白银需求增加，不少国际投资机构也对白银青睐有加。因此现货白银投资长期看来是十分具有潜力和投资前景的品种，这个市场将会有更多的投资者进入，是绝对不能错过的投资产品。

（2）投资属性逐渐回归。人类历史上，黄金、白银都曾作为最主要的货币被广泛使用，并且白银早于英镑和美元成为国际通用货币。随着历史的演变，白银的货币属性逐渐淡出了世界经济舞台，但其作为贵金属具有的投资属性却令其保持着持久的生命力。目前，白银已成为全球普遍接受的投资产品。

（3）与黄金相比较而言，白银的投资价值也比较明显。随着黄金在世界上库存量的下降，未来黄金供应量的增长速度必将无法满足需求量的增长，因此白银目前的价值受到严重低估。所以长期来看，上涨潜力较大。

（4）白银比黄金的门槛低，投资费用相对较小。普通的投资者都能投资得起，这也间接形成了竞争优势，能比黄金吸引更多的用户。

综合起来说，白银投资的发展潜力很大，适合投资贵金属的人参考和借鉴。

## 6. 白银投资与黄金投资的不同

黄金和白银在贵金属投资领域都占据着重要的地位，影响黄金和白银价格走势的因素也大致相同，但其实两者之间还是有一些不同的。那么黄金和白银有哪些不同呢？

首先，白银更有炒作性。

白银市场规模远远小于黄金市场，从数据上来看，2012年白银的交易额为1万亿美元，而黄金为9万亿美元，规模小，流动性相对就会高得多。黄金价格的涨跌主要是一种货币现象，相当大程度上受到美元汇率走向的影响。由于包括各国央行在内的众多市场参与者形成制衡，市场难以被某一方单独操控。而白银市场的容量相对较小，市场制衡力量也不均衡，因此白银的表现更像一只"小盘股"，走势上震荡比较大，炒作性和趋势延续性更强。

其次，从历史上来看，白银的波动性比黄金高。

与黄金相比，白银价格具有更大的波动率，其原因在于白银市场更小的容量以及更高的投机倾向。从增量需求的角度看，白银每年的需求总量按价值计算仅为黄金的15%，而从存量、保有量的角度看，由于历史上开采的白银大部分已被消耗，其地表保有量按价值计算同样明显低于黄金。同时，由于白银的存量更分散，回收成本也更高，导致相当一部分白银存量被"固化"在首饰或银器中。因此，同样的资金量在白银市场中产生的冲击要大得多。这也直接导致白银市场波动性明显高于黄金。虽然白银的市场流通性小于黄金，但是其波动性却远高于黄金。对投资者来说，这意味着低买高卖的机会。

再次，白银的工业需求比黄金大。

在工业领域中，白银的使用范围远高于黄金，所以白银价格受工业需求的影响远大于黄金。如电子电气、感光材料、医药化工、消毒抗菌等，近年在新兴产业如光伏领域的使用也有所加大。国际白银协会的数据显示，每年大约有51%的白银消费在工业领域，这一比例远高于黄金。在投资市场火热的时候，人们往往只看到白银的金融属性，而忽视了白银仍是一种"很有用的贵金属"，有很强的工业属性。这种工业属性不仅从来没有消失，反而可能在某些重要时刻突然强化，反制其金融属性。

最后，黄金和白银敏感度不同。

黄金在货币变动方面比较敏感，比如对利率的走势、通货膨胀，还有美元的升值和贬值等。而白银是与工业方面密切相关的，白银对于经济方面比较敏感，比如制造业、生产力等等。

总而言之，对于黄金和白银的投资大体上是差不多的，只是细节有些不同。

# 第十三章
# 信托——新时代，新传承

下篇

投资理财工具篇
——把握最有效的投资理财工具

## 1. 信托的源起和概念

信托起源于英国，是建立在信任的基础上，财产所有者出于某种特定目的或社会公共利益，委托他人管理和处分财产的一种法律制度。信托，是一种理财方式，是一种特殊的财产管理制度和法律行为，同时又是一种金融制度。信托与银行、保险、证券一起构成了现代金融体系。

信托业务一般涉及三方面当事人，即投入信用的委托人、受信于人的受托人，以及受益于人的受益人。委托人依照契约或遗嘱的规定，为自己或第三者（即受益人）的利益，将财产上的权利转给受托人（自然人或法人），受托人按规定条件和范围，占有、管理、使用信托财产，并处理其收益。

我国随着经济的不断发展和法律制度的进一步完善，于2001年出台了《中华人民共和国信托法》，对信托的概念进行了完整的定义：信托是指委托人基于对受托人的信任，将其财产权委托给受托人，由受托人按委托人的意愿以自己的名义，为受益人的利益或者特定目的进行管理或者处分的行为。简单地说，信托就是"受人之托，代人理财"。

从理论上讲，信托可以对资金、有价证券、动产、不动产、知识产权等各类财产和财产权进行管理、运用和处分，又可从事投资、贷款、出租、出售、同业拆放、项目融资、公司理财、财务顾问等多方面的业务。因此，信托是一种综合性的理财工具，属于资产证券化的衍生金融产品。投资者购买财产信托产品时，由于信托财产可见，所以信托财产产生的信托收益也真实可见，从而避免赖以产生信托收益的财产形成过程中的风险。

财产信托是理财节税的优良工具，能够帮助投资者合理节省一定税额。财产所有人避税最理想的方式是成立信托，通过信托的设立，信托财产不受信托人死亡的影响，并可在合法渠道下节省可观的费用。如美国、英国、加拿大、中国香港地区、中国台湾地区等很多国家和地区，遗产的转移均需课征遗产税，并需在财产移转前付清，税率一般高达50%左右。所以财产信托通常被视为合理节税的一个重要渠道。

由于目前国内没有课征遗产税和赠予税，财产信托的合理节税主要是一种税务成本的比较。通过增值税和营业税的差额，以及所得税的部分转移等手段，是可以合理节省税费的。

财产信托在获得信托权益之时，将个人财产委托给信托公司，根据各个信托机构的不同，可以将财产增值税不同程度地转移给信托机构，形成信托机构的营业税，节省的税额是财产增值税与信托机构的营业税之差。

信托这种独特的制度设计使其能很好地平衡财产安全性与理财效率两者间的关系，在为委托人提供充分保护的同时，方便了受托人管理。因而使其在个人理财中具有其他金融理财工具无法比拟的优势，主要表现在以下几个方面：

（1）规模效益

信托将零散的资金巧妙地汇集起来，由专业投资机构运用于各种金融工具或实业投资，谋取资产的增值。信托财产的管理运用均是由相关行业的专家来进行的，他们具有丰富的行业投资经验，掌握先进的理财技术，善于捕捉市场机会，为信托财产的增值提供了重要保证。同时，信托公司还可以根据客户的喜好和特性，度身定做标准产品，从而通过专家理财最大限度地满足委托人的要求。

（2）家族保障

信托可对家族财产提供保障，并保护资产不受侵害。诸如，可以避免使家族资产落入那些心怀不轨而与家庭成员结婚实则觊觎财产的人以可乘之机，也可以避免使家族资产落入那些可能将家族财富挥霍殆尽的无能后嗣之手。

（3）继承安排

信托是安排财产继承的有效方法，让你可依照心愿，预先安排资产分配于各家庭成员、亲友、慈善团体及其他机构。在一些有继承限制的国家，信托可以帮助信托人弹性安排资产继承，使信托人的财富不用受到复杂冗长的遗嘱认证程序影响，让信托人指定的受益人能尽快继承应得资产。

（4）绝对保密

由于信托人的资产已转移至受托人名下，大多数的法定管辖区域均无关于公开披露的规定，而且信托契约无须向任何政府机构登记，亦不公开供公众人士查询，因此受益人的个人数据及利益均绝对保密，直至信托终止。此外，信托通常具有可充当公司股东之用，更可进一步隐藏公司实际拥有人的身份。

（5）规避和分散风险的作用

在法律许可的情况下，成立信托可使信托人的资产获得长期保障。由于信托财产具有独立性，使得信托财产在设立信托时没有法律瑕疵，在信托期内能够对抗第三方的诉讼，保证信托财产不受侵犯，从而使信托制度具有了其他经济制度所不具备的风险规避作用。

此外，信托还是可以被撤销的，受托人可以辞职（或被撤换）；若基于政治或其他因素，信托设立及执行的地点可以移转至其他法定管辖区域；信托财产的行政管理及操作、分配可随时更改。契约中与信托人切身相关的条款，常会受不同因素影响，其中包括信托人财产规划的目标、信托人所选择的信托法定管辖区域与居住国的法律，以及信托人所要求的信托灵活度等。

## 2. 家族信托是财富传承

家族信托是围绕着高净值和超高净值客户服务、保障其财富稳定性的一种金融模式，大家族甚至会建立家族办公室来管理财富。不同于普通的信托或基金，家族信托除投资理财还承担着应对离婚、死亡等市场以外的不确定因素，同时更注重财富的长期稳定，往往持续上百年，历经数代人。这也是家族信托对于一个家族传承的最好保障。

传承，主要的是保有家庭财富。首要的是资产财富，其次是家族的故事、使命和责任。那么，财富的传承有哪些方式呢？

（1）自然传承

有家族企业或家产雄厚的人家，大部分采取自然传承。所有者知道自己财产多，不担心后继无人，也不考虑财产如何规划，百年后由继承者依据《中华人民共和国继承法》的规定按顺序继承。这样的方式好不好呢？

我认为，自然传承有3项缺点：1）容易引起子孙后代争财产，利益面前多寡难调，很难做到公平公正，所以，家族成员纷争反目在所难免；2）一旦国家征收遗产税，会让得到遗产的人无形中需要交纳大量遗产税，使家族成员的财富缩水；3）很难做到隔代继承，因为法律有明确规定的顺序继承人，如果第二代继承人经营无方或是一个败家子，那么第三代能得到家族庇护和关爱的希望就很渺茫，"富不过三代"在国内不是空穴来风。

（2）遗嘱传承

家族的财富所有者在生前立下遗嘱，提前对自己的财产进行分配和处置。这比自然继承进步了不少，提前依照意愿分配财产。但它也有自身的局限性：

1）遗嘱的真实性容易受到质疑。比如口头遗嘱、书面遗嘱以及公证遗嘱等，订立遗嘱的人一旦不在，那么先进的科技手段，造假技术的以假乱真，使遗嘱的真实性最容易受到挑战。2）如果财产所有人在立遗嘱时对子孙有偏好，厚此薄彼，子孙反目肯定难免。3）遗嘱继承人的法定时效是2个月，如果因为不可抗力或人为因素导致继承人2月内没做出表示，被视为放弃继承，这对于继承人是不公平的。最后难免牵扯到公证、司法等一系列没必要的麻烦。

（3）保险传承

大部分财产所有人在生前购买了人寿保险，并指定了保险受益人。此方式的好处很多，既按意愿分配财富，也能避免高额遗产税开征，并且能隔离债务避免子孙纷争。其弊端是：不能处置非金融资产，保险金在一定时间内是封闭的，不能随意领取，保单流动性差，这会限制一些效力，造成财富失去灵活性。

明白了以上几种传承方式后，相比之下，明显可以看出，信托传承可谓是一个家族财富最好的传承手段。

国内家族信托目前还不是特别成熟阶段，对于资产上亿美元以上的富豪，家族信托基本上已经成为"标配"，许多人对于家族信托的概念理解还不透彻，家族信托是以资产的隔离保护和传承为首要目的，以资产的保值增值为次要目的，因此当两者发生冲突的时候，优先实现前者功能，这才是真正的家族信托。换言之，大部分财富人群所熟悉的信托是投资性质的，而家族信托则是防御性的安排：从已有资产中拿出一部分放在"安全罩"里。如果把鸡蛋都放在一个篮子里，无异于对投资风险没有施加保护，在不期而至的变故下将会面临破产的风险。

在家族财富的管理中，资产保护、财富传承、资产的保值增值同等重要。但目前来看，前两方面可能在某种程度上容易被忽略，而这种理念的缺失或许会将其苦心经营的家族财富置于险境，而家族信托对于财富的管理是整个生命周期的，可以根据设立目的进行灵活变更，是高净值人士的财富保障"利器"。

相较国内信托，国外信托是受外国法律监管的信托。而一个信托如何由外国法律监管呢？比如《新加坡信托法案》是这样的："该信托，在各方面都应该受到新加坡法律的监管。新加坡法庭对执行、解释和强制该信托的约定或信托约定以及新加坡相关法律规定影响范围内的任何事务拥有独立的管辖权。"顾名思义，一个新加坡的信托对于一个中国的客户来说就是一个离岸信托。因为和客户设立的信托相关的一切事务都必须由海外的法院和法律所监管。即使受外国法律监管，也仍然吸引我国很多投资者选择国外信托，因为信托不仅受金融部门约束，更多是靠法律来约束，一个健全的法律制度才是信托得以稳定实施的前提。

国外信托可纳入的财产种类不受限制，现金、房产、股权都可以顺利纳入信托。同时，可选择的范围很广，各种环球基金、政府债券、不动产等。可以方便持有境外的现金投资组织等金融产品以及其他的上市公司股权，甚至古董等各类资产。

无论是国内还是国外，选择家族信托的意义在于：可以避免继承流程，彻底消灭继承流程时所需文件不全；后代没法交付比如继承公证费、印花税、契税、增值税、遗产税等导致放弃继承的风险。同时，彻底消灭"本金"分配安排的纠结：家人都没有股权，有能力接班的也只有管理权，没有能力时罢免其职务；房子按需求也只有使用权（如家庭成员数量，居住地，学区要求等）；大家按情况都享有生活费，这样可以避免很多正面冲突。

每个家庭结构都会影响信托最终设计。设立信托时与其家人充分沟通，了解他们的想法需求，包括各人的能力与担忧；在未来不可预见的身体状况下，与家族办公室测试不同分配方案的现金支出可行性。尽可能绕开不同国家婚姻法、税法、继承法的影响，最大程度减低万一出现不可预知的冲突时对资产的耗损和对家人生活的影响，真正做到让这个家庭的财富得以科学、合理、有效地传承下去。

## 3. 打破"富不过三代"的魔咒

古训有言"富不过三代"。然而，放眼全球亦有千年企业，传承动辄十几代。比如日本，百年企业竟有两万多家。其实古人口中所谓的"三代"并非一个确切的时限，只是讲富贵不能长久而已。有的可能当代、二代即衰落，有的可能四代、五代才衰落。为什么会产生这种怪现象呢？为什么中国没有出现西方那样的财富世家？诸如罗斯柴尔德家族、摩根家族这样的财富世家，其财富传承早已超过三代。那么，究竟是什么差别导致了这个事实呢？

首先，每代人的成长背景不同。

一般首代创业者都是兢兢业业、吃苦耐劳、勤俭持家、奋发向上，终于创下了偌大家业。二代人目睹父辈创业的艰辛，受到父辈的教育影响，还能够守住家业甚至还有发展。但三代、四代人则不然，他们从小享受祖辈、父辈的福荫，依仗祖辈、父辈的权势，周围马屁精环侍，常常不费吹灰之力便心想事成，长此以往，不但进取心消失殆尽，还有不少成了纨绔子弟，甚至成了"衙内""恶少"，横行乡里，为害一方，吃喝玩乐，无所不为。长辈再不注意引导,溺爱娇纵,不成败家子都难。

其次,没有进行有效规划和科学理财。

在家族财富的传承上,大部分走的都是"上辈打拼下的家业,留给后辈",导致一代代传下来,慢慢守不住财,就会出现"富不过三代"的现象。俗话说"创业难,守业更难",家族传承往往会面临婚姻风波、争产风波和遗产税等多重考验,保证家族传承按照创立者的意图延续并非易事,很多时候不是创立者做错计划,而是根本没有做好相应准备。

当前,越来越多国内的企业家在早年白手起家、努力拼搏打造自己的商业帝国之后,同样面临守住自己毕生心血的难题,家族传承的探讨和交流在当下的中国显得更为重要。随着越来越多的富一代功成身退并逐步向富二代"交班",家族财富如何顺畅交接已成为目前中国富裕阶层急需解决的问题。尽管在我国,内地家族信托仍属新鲜事物,但在欧美等发达国家,家族信托已经成为众多富豪家族财富传承的主流选择,比如洛克菲勒家族、肯尼迪家族都设立有家族信托基金并成功运作。近年来,众多中国香港地区富豪家族也纷纷成立家族信托,包括李嘉诚、邵逸夫、杨受成等富豪家族财团均已成立了家族信托基金。2000年,比尔·盖茨设立了比尔及梅琳达·盖茨信托基金会。该基金会是世界上最大的私人基金会,采用商业化运作模式。基金会设有理事会、职业经理人。整个基金会更是由全球卫生项目组、全球发展项目组、美国项目组以及运作领导组这四个部门组成。

家族信托还有一个非常大的优点,但凡是那些财富传承久远的家族,其实并没有把财富看得十分重要,相反,他们通常都积极参与慈善事业。一个人的财富是自己生命时光的凝结,能主动捐出自己的财富,是善良心态感召下的举动。这种善良情感的萌生和巩固,对后代的成长和成功是极有益处的。财富拥有者参与慈善活动虽然减少了日后的遗产，但对子孙后代只有好处，不会有害处。我国的先贤林则徐说得好："子孙若如我，要钱干什么？贤而多财，则损其志；子孙不如我，留钱做什么？愚而多财，益增其过。"李嘉诚、曾宪梓等人在医疗、卫生、教育等方面捐献巨资就是很好的典范。上一代人的这种可贵的慈善之举，不仅为社会做出了贡献，而且对其后代也产生了激励作用。

所以，我们不难发现，"富不过三代"的魔咒，很大一部分原因在于传承者与继承者本身，毕竟财富是死的，而人是活的，财富的传承终究取决于人。因此，要想打破这个"富不过三代"的怪圈，还是要重视最重要的"人"的因素，只有把传承者和继承者教育好了，他们才能在处理财富的时候运用正确的态度和思想，才能真正使财富呈现出一种健康发展、健康传承的趋势，真正打破自古以来"富不过三代"的魔咒。

近年来，中国的富豪们也越来越多地将目光放在了家族信托这条康庄大道上。相信不久的将来，"富过三代"不再是一件不容易的事情。

## 4. 动产信托与不动产信托

财产从物的角度分类，可以区分为动产与不动产。因此，狭义的财产信托，是指物的角度界定的不动产信托和动产信托。

动产包括的范围极为广泛，在财产中除不动产之外都可以称之为动产。但作为信托财产的动产一般仅限以下四类：1）车辆及其他运输设备，如船舶、汽车、火车、飞机、海上运输用集装箱、推土机等；2）专用设备，如电子计算机、建筑机械、机床、电梯、医疗器械、停车设备等；3）金属及其他贵金属；4）艺术品或者文学及其他著作作品。其中商业性的动产信托产品以前面两类居多。

与不动产相对应，动产信托是指委托人将其持有的具有一定价值的动产交付给受托人以设立相关信托。可以作为信托财产的动产的主要特点是：1）价值巨大或者价格昂贵，前者以各种设备为主，后者以贵金属和艺术品为代表，但是著作的价值为例外；2）使用期较长，可以在一定期间多次或者反复使用，或者在相当长时间内，其使用价值不会改变或者降低，不会因为使用而一次性损耗；3）易保存。除了上面的物品，其他的动产存在单位价值较小、使用的时候一次性耗损、不易保存等问题。这也就是说，作为动产信托的信托财产的动产，必须具备单位价值高从而购置费用较大、可以长期使用或者容易保存等特点。

动产信托是指委托人将其持有的具有一定价值的动产交付给受托人以设立相关信托，而不动产信托，是指以不动产及与不动产直接相关的权利为信托财产所成立的信托，也就是土地、建筑物或者其他不动产的所有权人作为委托人，将该不动产之所有权或他项权利，移转于足以信赖托付的且有管理运作能力的信托机构等受托人，受托人为受益人利益或为特定之目的，依信托文件的约定，管理或处分该不动产的信托行为或者关系。不动产信托也经常被称之为房产和地产信托。

房产信托是指信托机构接受委托经营、管理和处理的财产为房地产及相关财务的信托关系，它包括房地产信托存款、房地产信托贷款和房地产委托贷款。地产信托是土地所有者为了有效地利用土地获取收益，把土地委托给信托投资机构，信托投资机构按信托契约的规定，筹集建设资金、建造房屋、募集租户，对租户办理租赁以及建筑物的维护、管理或出租，把这种管理、动用所得作为信托收益交给土地所有者（受益者），土地信托可分为租赁型和分块出售型。

不动产信托，可以免除不动产业主因专业知识不足而遭受经济损失的风险。同时，为改良不动产提供资金带来方便，还能提供信用保证，实现不动产的销售。

# 第十四章
## 房产——昔日房奴，今日房主

下篇

投资理财工具篇
——把握最有效的投资理财工具

## 1. 投资房子，先要懂房市

说起投资房产，我想很多人都能说出一些观点，尤其是在2008—2016年之间搭上房产顺风车的人，大部分都赚得盆满钵盈，原本在奔小康的路上狂奔，由于投资了房产，实现了真正的小康，过上了富足的生活。房产投资改变了很多人的财富和命运。房子在任何一个国家经济发展中都起着重要的作用，比如促就业、控通胀、保障金融系统的安全。房产在三种状态下成为资产：1）租出去租金大于月供；2）房子升值卖掉赚差价；3）抵押融资投资赚更多钱。知道了这三点，投资房子才能心里有谱。

同时，房产短期走势主要由首付比例、利率、房产政策决定；长期走势由人口决定。一个人口净流出的城市，是绝对不适合投资房产的。选定城市之后，如何选择区域和小区，就成了重中之重。一个大型城市的经济核心一般集中在CBD区域，在CBD办公的主要是大企业总部、金融企业、保险企业、咨询企业、传媒企业等，这些企业效益好，员工工资比较高。

一般情况下，CBD企业的高管喜欢在企业附近居住，中、高层一般买在5站左右地铁通达的地方，普通员工一般买在15站地铁以内通达的地方。房产投资可以根据自己的资金情况，按照上述规律选房买房，一般都能保值增值，如果小区边上有个不错的学校，就更好了。好的高新区边上也是不错的选择。

作为中国房地产的龙头和风向标，一线城市房价出现上涨或下跌对舆论影响巨大，在过去"买房必赚钱"的惯性思维下，很多人认为，投资买房一定是稳赚不亏的，事实上，任何投资都不能一概而论，房价下挫对于投资者来说，就是很好的风险教育。这就要求投资者要想投资房产，必须学会审时度势、知己知彼。"己"的这一方面，要知道房是刚需自住还是用来纯粹投资；"彼"的一方，是要看房子属于什么类型，有无升值的可能。

大部分的购买者容易纠结的是：投资还是自住？或者两者兼顾？其实自住买房和投资买房是完全不同的两种思维，现在之所以有很多人在纠结，就是把这两种情况混在一起了。自住买房，关心的是过一段时间之后房价是不是涨了，并不关心成本。从目前的情况来看，一二线城市的房价大趋势总归是向上的。结论是：自住在一二线城市随时可以买，如果能结合前面提到的，选择区域和个人经济实力，那就更好了；投资买房，关注的是收益，成本就是重中之重，特别是持有成本。投资房产的黄金时期已经过去了，买了放着就赚钱的好日子一去不复返了。现在投资房产买进卖出的时点非常重要，决定了是否有收益。房子同样是3年涨20%，自住的可能很高兴，投资的可能就愁眉苦脸了。房子的价格是可以分拆成各种组成部分的，这样可以评估价格是否是洼地，以及以后是否有前景。

如果是投资，我们可能需要放弃主观上的一些感受和偏好。比如对景色、朝向、楼层等的要求。要知道，这些开发商是不会白白送给你的。你需要做的，是在确定潜力区域和楼盘后，以最少的资金投入，获得最大的收益。这就包括对租金回报率、还贷月供、房产增值、税务、法律法规等一系列问题的咨询和计算。

如果是自住，个人的居住体验无疑是第一位的。但是，也不能忽视房产作为每个人最主要的资产之一，对未来产生的巨大影响。大约四五年前，我的许多客户，最初的购房目的就是自住，然而随着三四年时间房价翻番，获得了他们意想不到的，甚至是几倍房价的巨额回报，在不经意间实现了财富自由。

其实，不管是自住也好，投资也罢，或者两者都要，我们应该做的，是在两者间选择一个作为主要目的,只要达成它,我们的购房就是成功的。因为世界上没有完美的房子,适合当下的你,那它对你而言,就是最好的。

投资房产,保值是第一步。无论是三四线城市还是远郊区域,都有一个共同的特点,那就是供应量大,除了现有的库存量,还有未来可预见的新增供应量,一旦城市发展速度或者区域市政配套发展速度跟不上,那么需求量也将受到限制,因此也很难在短期内激活二手市场。同时,供应量大还将影响价格的波动。阶段性供应量超过需求量,价格有可能下调,如果不幸在高位入手,那么阶段性亏本的可能性就更大。

那么,什么样的房产最保值呢?

(1)兼顾居住性价比。

从大趋势看一线城市的房价将继续上涨,但是否意味着投资此类城市房产就保证只涨不跌,那也没有一个必然的或者绝对的联系。部分市区的房价总体在高位,上涨是比较困难的。尤其是部分地段虽然好,但建筑过于陈旧的物业,其实投资价值不大。真正投资价值大的,往往在市区郊区交界的地带,从居住舒适度等角度看也有一个较好的性价比。更重要的是,投资也会有机会成本。一线城市其他领域的投资机会也很多,并非必须通过房地产投资来获利。对于房产投资而言,需要考虑此类投资风险和资金占有成本。尤其是政策多变的情况下,部分物业也会被套。类似旅游消费产业、新兴技术企业的股权投资等,其实都可能要超过传统的物业投资收益。

(2)住宅的投资属性将越来越弱。

未来住宅的投资属性将越来越弱。闭着眼睛买房也能挣钱的时代已经过去了,大家对房产也将越来越理性,因此,住宅未来的主要功能将回到居住这一层面上。

(3)具备投资价值的只有核心地段优质房产。

未来的房产是否具备投资价值,主要从地段的不可复制性以及优质两大方面去考量。如果地段价值高,同时产品比较优质,那么未来的升值保值空间就比较大。

## 2. 会用房贷,使"房奴"变房主

相信很多人都听过外国老太太和中国老太太买房的故事。大意是说:中国老太太攒了一辈子的钱,到了临死前才住上了新房,而美国老太太则先贷款,住进了新房,到死的时候贷款也还完了,她也因此住了一辈子的新房。这个经济故事的寓意很明显,称赞美国老太太的消费行为。同样的收入,美国老太太相对于中国老太太来说,就是会用房贷,把自己房奴的身份变成了房主。在同样的环境下,只不过是稍稍改变了消费模式,美国老太太就能提前住一辈子的新房,而中国老太太不敢提前消费,在临死前才圆了自己的住房梦,相对于现在的超前消费、透支消费的理念,中国老太太的攒钱消费理念似乎有些落后。

随着房价的提升,房奴遍地都是,贷款买房早已变成大家的共识!刚需资金有限,不得不贷款。土豪是有钱,但更会利用银行的贷款,因为他们更懂得"借钱生钱",俗话说银行的钱不用白不用!

现在,越来越多的人加入到贷款购房者的行列中。因房子而为银行"打工",已是无法改变的事实。那么,如何巧妙地利用银行房贷方式为自己解忧,由"房奴"变为"房主"呢?

(1)选择适合的还款期限。

一般而言,贷款购房,还款年限选择 15~20 年较为适中。若贷款年限过短,还款压力相对较大,一旦工作发生变更,可能导致无力还贷。但如果预期自己未来收入会大幅增长,则不妨选择较短的还款期限,这样可少付利息。若有住房公积金的,在购房时能用多少公积金就尽量用。就算工作不久,公积金较少,能用则最好用,这样也可少付利息。

(2)选择变种房贷。

变种房贷有两种方式:

1)宽限期

贷款发放后,在合同约定的时期内,只需每月支付利息,暂不归还贷款本金。待宽限期结束后,按合同约定的等额本金或等额本息方式还本付息。

2)存贷通

建立一个"存贷通"账户,超出5万元以上的存款,银行按比例视为提前还款,以减少你的利息支出。一旦急需,可提取"房贷理财账户"中的所有款项。

(3)选择移动组合房贷或入住还款法。

小A是一个潇洒的自由职业者,老家在外地,和别人合租在一个50多平方米的老房里。平时他专为市区几家大的医药公司跑销售,收入不稳定,高时月薪过万,低时两三千元,因花钱大手大脚,常常不到月底就身无分文,是个典型的"月光一族"。他想要买房了,可手中能用的资金没多少,她后悔没有在有钱的时候给自己留点儿备用金。对于"月光一族"来说,要想成为房主而并非房奴,入住还款方式可以降低交房初期的经济压力。还款人可以申请从贷款第一个月开始,与银行约定一个时间段,仅偿还贷款利息,无须偿还贷款本金,约定期满后,再开始采用等额本息或等额本金的还款方式归还贷款的本金和利息。如果购买的楼盘是期房,用这种房贷方式,还可以免除购房者过"一边交着房租,一边交着月供"的生活。不过,需要提醒的是,这种"只还息不还本"的最长时间不能超过12

个月，但也不能低于 6 个月。期满后，购房者须按照事先与银行约定的等额还款方式或等额本金方式还款。

（4）长贷短还。

如果已经有短期内能够提前全额还款的计划，贷款时间对利息的影响就不大，所以可以把贷款年限拉长，减少月供，储蓄更多资金一并用作投资赚取利润，利润很可能高于利息，届时不仅能够一次性提前还款，还能小赚一笔。

贷款时间越短，月供越多，意味着还款压力越大，但总利息也会减少很多，可以根据自己的收入情况，选择较短的贷款期限并尽可能提前还款，缩短贷款时间，节省利息。以贷款 80 万元为例，最多可以节省约 50 万元利息，约为总利息的 60%。

学会房贷，能给自己省下不少钱，所以，在贷款买房之前先学习攻略还是有必要的。

## 3. 买期房还是二手房

购买期房的人占住房消费相当大的比例，对于买房者来说，期房与现房相比，其较低的价格是显而易见的。但随着开发商拿地审批手续复杂，越来越多的房市，新开发楼盘在减少，二手房市场反倒热闹。所以，我们有必要聊聊，是买期房还是二手房。

先看看期房和二手房各自的优势：

期房的优势：

（1）房屋设计合理、时尚。期房都处于在建设状态，无论从房屋设计理念上还是新兴材料的使用上，都比二手房具有优势。

（2）开发商推出期房，也是为了资金回笼。出于减轻资金压力的考虑，同时也为了尽早打开自己的市场，开发商对于期房都会让利销售。

（3）投资者可选性大。期房的房源多、设计风格多样，对于购房者来说，选择余地大。尤其对有特殊要求的购房者来说，选择自己心仪的期房是个不错的选择。

（4）首付款优势。如果您是购买首套房，一般期房的首付资金会小一些，可以减少不少购房者的首付压力。

二手房的优势：

（1）即买即住。只要手续办理妥当，一般很快就可以入住。因此，对于着急住房的购房者来说，二手房更为方便，甚至还能省去装修的麻烦。

（2）配套成熟。一般二手房周边的服务和配套设施都相对成熟。对于日常生活来说更为方便。比如：实用性很高的菜市场、超市、学校等。

（3）价格较低。同一区域内，二手房的价格相对新房来说要低一些。

（4）风险低。能够更加直观地感受到房屋本身的状况以及周边的生活配套设施，选择起来会更加客观。

现在不少楼盘的前期房子售罄交房后，有部分房主收房后便将手中的房屋出售套现。而在很多情况下，同等条件的二手房总是无法卖过开发商的一手房，甚至有些着急交易的房主降价幅度达到5%以上。因此，选购这类房子不失为很好的选择。因为新房一般是期房，要等待一到两年才能收房，这中间耗费的时间也是成本。此外，那些使用过一定年限的二手房产已经装修过，那装修部分的价格也还是要打个折扣，就更加超值了。

此外，在二手房买卖中，房龄是影响价格的一个重要因素，其主要体现在室内装修以及外立面、电梯、大堂等公共区域，这些都是折旧因素。如今新建住宅的设计使用年限多为70年，实际使用则完全不止，因为使用年限长，所以房产的折旧非常缓慢。从时间维度上看，房产的折旧速度甚至大多数时候低于通货膨胀的速度。

在买期房还是二手房的选择上，除了看它们各自的优点之外，还要注意它们各自的缺点。

期房的缺点：

（1）逾期交房。很多购买期房的房主都会碰到逾期交房的问题，也给一部分购房者造成了困扰。更有甚者，前些年也出现了不少烂尾工程，购房者交钱后，开发商迟迟不能完工，甚至拿钱跑路。购买期房还是存在一定风险的，要尽量选择有实力的开发商。

（2）社区不成熟。期房交房后，初期社区配套都会有不完善的地方，但是随着入住率的提高，配套设施也会逐渐完善。

二手房的缺点：

（1）交易风险高。二手房交易中，需要考虑的因素比较多。比如房屋是否有纠纷、抵押、案件诉讼、购房合同等，所以是一件比较复杂的事情，最好还是请专业的经纪公司或者房产律师来办理。

（2）贷款问题。银行贷款对二手房的房龄要求比较严格，一般超过30年的房龄就很难通过贷款审核了。有些房龄久的二手房，即便是通过审核了，贷款金额也会受到影响。

（3）房屋翻修成本高。一般二手房都带有装修，翻修比首次装修更加麻烦，成本也会更高。

（4）房屋设计落后。早些年的老房子在设计上确实存在缺陷。比如：卧室和客厅比例不合适，卫生间无洗手池等都是一些老房子的特点。

至于买期房好还是二手房好，这里没有一个明确的答案。购买期房风险大，购买二手房资金压力大，再加上每位购房者的情况不同，建议大家结合自己的实际情况做出选择。

## 4. 巧用"住房公积金"

公积金对很多人来说既熟悉又陌生，熟悉的是每月都会扣缴公积金，陌生的是很多人至今还没用过公积金。公积金"在账户里睡大觉"的情况，目前十分普遍。从理财的角度来看，如何用好用活公积金，发掘公积金的购房贷款、储蓄积累、养老补充等功能，对投资人具有现实意义，尤其用在房产投资上，更是有很多收益。

充分利用公积金，公积金的利率比商业贷款的利率低多了，但只能享受一次，一般一个人最高可贷款25万元，如果是夫妻都有公积金就可以提高到50万元，而且每一次加息，公积金上调的幅度都比商业贷款要小。但公积金贷款比商业贷款手续上要麻烦，所以现在有不少开发商都会让你用商业贷款，而且要多交几百块，有的甚至会说，公积金和商业贷款利率差不多。

我们看一个最大限度利用公积金贷款的案例。

小D跟他的老婆在北京租着市中心的房子，小D每月公积金存缴额为1000元，老婆公司公积金存缴额为800元。目前可贷款额度为100万元。按照小D的想法，他不想买郊区的房子，每天奔波，一定要在市区购买一套2室1厅的房子，可这个需要400万元左右，那么首付远远不够。可是每个月的公积金缴存并不少，那么应该如何利用起来呢？

最大限度法：此方法用于购买自己心仪的房子还有很大差距，但是公积金存缴额又比较多的情况，或者想要纯公积金贷款，不知道应该怎么购买最划算。不妨用倒推法，北京纯公积金贷款最低可达2成，我们就以比较容易达到的 3 成为例。小 D 想要用纯公积金贷款，且刚好贷满 100 万元，故：他可以购买 142 万元的市区周边小房。

"最大"房价= 100/（1-0.3）≈ 142 万元即支付 42 万元首付，纯公积金贷款 100 万元。（若 2 成首付，可购买 125 万元的房子，首付只需 25 万元。"最大"房价= 100/（1-0.2）= 125 万元。

大家不禁会问："购买这么小的房子不够住呀？"那么我们来看看前后差异。

买房前：小 D 公积金每月存缴额有 2000（公司需缴纳 1000），他老婆每月存缴额有 1600。总计有 3600 元公积金存缴额没有办法使用。买房后：首付支出 42 万元，贷款 100 万元，30 年偿还。

故每月支出房贷 4352 元。扣除公积金存缴额 3600 元，实际房贷支出 752 元。

该小套房市场房租收入在 2300 元左右。故，小 D 在不改变任何情况下，每个月还可收入 1548 元。

有人会问，但是 42 万元的首付用于理财不是也有收入吗？那么我们要反思几个问题：

您平时有非常好的投资方式吗？

您这笔资金是否需要保值投资用于以后的购房？即必须做低风险投资？

低风险投资的收益率普遍较低，若是以 3%~5% 收益率为例，那么理财收入不及租房收入。另外，房子在中国还是具有非常高的保值，甚至升值作用。如果算上房子的升值，那么这笔投资就更划算了。

等到你能购买自己心仪的房子，你只需要卖掉此套小房，购买自己心仪的房子就行啦！

可见，巧用住房公积金，能给自己带来非常好的收益。那么，公积金贷款有哪些小技巧呢？

（1）合理拉长贷款年限

公积金贷款有上限，所以对大部分人来说需要使用"商贷+公积金贷款"组合贷款方式。由于商贷利率高于公积金贷款利率，所以商贷应该优先还。按照这个思路，建议拉长公积金贷款期限，缩短商贷利率。这样，在每期还款额差不多的情况下，就能使还款额中商贷所占的部分更大。比如同样是100万元商贷与100万元公积金贷款，15年商贷与30年公积金贷款的成本比15年公积金贷款和30年商贷组合划算。

（2）申请公积金贷款有诀窍

由于目前公积金贷款政策中，公积金贷款的年限是依据房龄和主贷人的年龄来决定的。如夫妻二人年龄差距较大，建议让年轻一方做主贷人，可拉长公积金贷款期限。

（3）买房前提前停止租房提取公积金

如果正在租房并且暂时没有买房打算的人可先使用公积金来负担房租，未来准备买房了，算好时间提前停止提取公积金用于租房即可。毕竟，公积金贷款额度有上限，账户里留太多钱也未必都用得上。这样租贷结合的形式能更充分利用公积金。

（4）公积金冲还贷

公积金"冲还贷"主要有以下两种做法：

"月冲"是指银行每月从公积金账户支取资金，首先用于支付公积金贷款的本息部分，剩余的支付商业贷款本息部分，这样可以最大程度上减少月供压力。

"年冲"是用公积金账户全部的余额来冲抵贷款本金。根据规定，"年冲"必须优先还清公积金贷款本金部分，才可以冲减商业贷款的本金部分。这其实是一种提前还款的方法，最大程度上节省了贷款利息。

# 第十五章

## 艺术品收藏
### ——多点品位，少点铜臭味

下篇

投资理财工具篇
——把握最有效的投资理财工具

## 1. 收藏不仅是因为爱好，也是赚钱的行当

当今中国收藏市场持续升温，不同层面的火热都昭示着这一现象：人头攒动的古玩市场，如醉如痴的收藏爱好者，拍卖行拍卖的火爆场面，各类媒体纷纷推出的鉴宝类节目……这似乎在预示着全民收藏时代的到来。有评论称，艺术品投资是继股票投资、房地产投资后第三个投资项目。

现在，收藏正从怡情悦性的个人爱好向投资理财的行为转变。当代的收藏热，就是建立在收藏成为投资理财方式上的。虽然收藏还有怡情悦性的作用，但对收藏者而言首先考虑的则是增值保值的作用。

社会文明的整体进步，在促进文艺创作繁荣的同时，也推动古玩收藏的逢勃发展。作为收藏品，它自有物质和精神两方面的意义：

一方面，它是承载历史、文化、艺术信息的商品，其价值具有不稳定性，随着时代风尚和审美趣味的变化而变化，但整体呈上升趋势。

另一方面，收藏在改变人们物质生活的同时，也提升人们的精神生活。收藏可以陶冶情操，修身养性，在收藏的过程中，收藏者潜移默化地将自己培养成理性和感性结合得相当和谐的"文明"人。收藏的得与失、来与去、聚与散都与收藏者息息相关。

收藏是艺术，是文化，更是人文精神的寄托、哲学思想的折射。收藏同时也是学问，也是乐趣，可以开阔眼界、培养兴趣、陶冶情操、收获快乐、弘扬文化、传承文明。

马克思说过："如果你要得到艺术享受，你本身就必须是一个有艺术修养的人。"收藏实际上是一种文化修养的体现，是一种精神气质，是一种文

化引领，是最优质的家庭文化的熏陶与传承。从收藏的消费属性来看，收藏品的独特性、稀缺性使它具有奢侈品的属性，购买收藏品往往成为个人文化品味、财富和尊贵身份的象征。按照美国 10 年期投资回报率统计，房地产的投资回报率是 4.5%，股票是 13%，收藏艺术品则是 24.5%。

抛开对于收藏的热爱和文化品味，事实上，真正艺术品收藏的目的，还是为了赚钱。我听一位古玩达人这么跟我说：收藏古玩，有些人偏偏说得漂亮，说得委婉，说什么爱好古文化、爱好古人的艺术创造、培养学习历史的兴趣等等，说了太多冠冕堂皇的废话，忸怩作态，就是不往正经里说。大多数人玩古董就是为了赚钱，为了赚大钱，为了以小的成本赚取更多的钱。既然玩古董也是做买卖，当然是为了赚钱！还有，古董不能吃，不当喝，花不少钱买来，摆设起来不如现代的新工艺品漂亮，那么多人，起五更、睡半夜，弄一堆老爷爷老奶奶级的老玩意做什么？答案很简单，它能让我们赚钱，而且很可能赚大钱！

知道了这一层，我们就要用一颗平常心去收藏艺术品，既要带着把玩的艺术享受，又要有投资者的眼光和心态。

艺术收藏是一种志趣高雅的活动，收藏之道，贵在赏鉴。收藏者要有一个平常心态，既要有趋利心态，也要把重点转移到观赏、把玩、研究、交流上来，提高收藏的品位，养成宁静、淡泊的品性，摆脱铜臭的困扰和烦恼，从而感悟收藏的真谛。

## 2. 收藏品投资须谨慎，稍有不慎会满盘皆输

常听说有些人投资收藏品捡到漏，然后赚得盆满钵满。然而从投资的角度来说，收藏品投资并不美好。接触过一些收藏品投资的同行前辈，常混在他们堆里听他们讲收藏真经，就知道了这里面的门道，真可以说是不进一个行，你是不知道其中水有多深的。

首先，收藏品投资过于专业化。相信任何一个投资收藏品的行家都知道，收藏品投资市场，这是用血泪教训所教育出来的市场。如果说一个人没有因为投资收藏品亏过几次大钱，基本上连入门都谈不上，这种投资收藏品亏损的情况在专业的行话里面叫"打眼"。由于收藏品的赝品极多，即使是最专业的鉴定专家都有防不胜防的时候，这种过于专业的市场根本不是普通投资者能够涉足的。

其次，收藏品投资安全性极低。由于收藏品市场具有远低于传统股票、债券、基金等资本市场交易幅度的特点，所以在这个低流动性、不透明性、数量和质量不定供给的情况下，再加上收藏品市场的信息严重不对称，最终导致了收藏品作为投资品的安全性极低。此外，由于收藏品具有关键的单件产品特性，绝大多数都是独一无二的，所以其定价和估值就变得非常困难，也为操纵提供了巨大的空间。

这就给我们提了个醒：收藏品投资须谨慎，稍有不慎就会满盘皆输。

我们在媒体上看过不少做收藏品投资被骗的案例：

家住河北的李先生就被所谓的收藏品投资给骗了。一年前李先生接到一个电话，对方声称是投资公司，有一些名人的字画想要低价出售，询问

李先生是否感兴趣。虽然对字画投资很陌生，但李先生早就听说名人的字画不但具有收藏价值，还具备投资价值，没多想就花50万元买了10幅所谓的名人字画。但在最近想要出售的时候才发现，这些根本就不是名人字画，也不具备投资价值，李先生的投资可以说是血本无归。

与李先生有着相同遭遇的人不在少数。北京市民高先生曾从某邮票收藏公司花费15万元购买了一套纪念邮票，然而，经鉴定价值仅为2万余元。鉴定部门表示，卖家的承诺本身就隐藏了巨大的消费陷阱，高先生购买的的确是纪念邮票，却远非卖家宣称的价值15万元。

无独有偶，天津李女士向省消协反映，三年来，她通过一家收藏品公司先后购买了价值20余万元的纪念币、古钱币等藏品。在购买这些藏品时，销售人员极力表明藏品的收藏意义和收藏价值。然而李女士事后经向业内人士咨询，发现其所购藏品远非销售人员承诺预见的价值，等再去理论时，却发现该公司已经人去楼空。所以，"收藏品市场门道很多，许多新入行的投资者还没有具备识别能力就贸然高额投资，极有可能被不法商贩下套而上当受骗"。

那么，想要进行收藏品投资的人，平时要做哪些功课呢？

（1）作为收藏爱好者，用于收藏方面的经济支出或投入，尽量不要超过自己的经济承受能力。再者，收藏品的升值需要一定的时间，不可能"今买明卖"就能赚大钱。那种倾家荡产搞收藏的赌徒心理，具有很大的风险，切忌倾囊而出。

（2）收藏一定要遵纪守法，绝不能为了谋求暴利而搞"擦边球收藏"。玩火者必自焚，收藏活动一旦触犯了国家法律，接踵而来的必是法律的严惩。对于刚开始接触收藏的爱好者们，一定要从正规渠道去买卖藏品，这是对自己的保护，也是对藏品的爱护。

（3）有的收藏者对藏品本身没有什么把握，通常采取的就像是炒股似的"跟风跑""随大流",别人买什么他就买什么,别人抛他也跟着抛。收藏不能人云亦云。当某种藏品被炒得过热时,收藏者尤其要保持清醒的头脑,切不可随波逐流。

(4)投资收藏品是长期的爱好,不可能一朝一夕便能取得成功。初学投资的收藏者恨不得自己一夜成收藏大家,岂不知好的藏品来之不易。收藏大家们靠的是日积月累,一旦急于求成,买回的不是赝品也很可能是升值空间不大的破铜烂铁。

## 3. 投资收藏品要掌握的操作要点及原则

随着收藏品市场的日益升温,热衷收藏的市民也越来越多。如何才能在浩如烟海的收藏品市场中寻找到合适的藏品,不被"打眼",不买到赝品,需要掌握一些操作要点和原则。

收藏或者投资艺术品,有一套基本的准则。这套准则应该是从历代收藏家身上以及拍卖市场上总结得来的,它代表了这个行业里的基本共识和要求。评论或者鉴定一件艺术品,有一个核心和四个要点。一个核心是指美和艺术性。既然是收藏艺术品,那么艺术应该先行。先不论新老年份,这件作品美不美,有没有艺术性,就是首先要考虑的核心要素。如果一件艺术品直观上不具备打动你的艺术魅力和感染力,你也就不会重视它。对美和艺术性的认识、涵养有多少,也决定了每个人对同一件作品有不同的看法。行里有所谓的"捡漏"一说,实际上,"小漏"说的是价钱上的差异,而"大漏"则是这种天生的领悟力上的差异。因此,从这个角度来看,并不是每一个人都适合做收藏。

除了艺术和美的核心以外，还需要以另外四个硬件标准去衡量一件古物是否值得收藏或投资，即"真""精""新""名"。"真"是指真伪，这是选择的首要条件；"精"是指作品的艺术性在同类里是不是最高的；"新"就是指作品的品相好坏；"名"就是指作品的传承背景是否明朗。

同时，在操作上还要注意以下三点：

（1）数量

古语称："物以稀为贵。"这话具有深刻含义。什么样的东西现存量是较少的，价值上就会提高些，后期的升值空间也会很大。比如，某个朝代的古玩或某个大家的作品，一生所做的东西数量有限，这样就非常具备投资价值。

（2）精品

古玩里，无论钱币还是瓷器，对质量的要求性高，是非常重要的一个硬指标。比如某瓷器，可从瓷器的工艺上，观察瓷器表面是否存在一定的瑕疵感，如果有，这就是这件瓷器的败笔之处。所以，在投资某件瓷器品或古玩时，一定要着重去观察某些细节。

（3）市场

投资相应的艺术品和藏品，需要充分了解市场中的动向。比如，某瓷器，在收藏市场中，求大于供；或者某字画或钱币在市场上持续走高。存在这样的现象，可以进行短期性的投资。对于收藏品投资，多半是较长期的。当然，投资方式需要自身去把握。

如今，面对市场上的各种收藏品，投资者该依据什么原则来进行选择呢？

（1）熟悉原则

商场上有句至理名言"不熟不做"。对某一收藏品的品种、性质、特点、市场行情等有关情况不熟悉，就难以准确判断各品种的真伪、价值及未来价格走势等，从而不能做出准确、及时的投资决策。

（2）兴趣原则

有许多事物，初看没什么收藏价值，但当收藏达到一定规模，或经历较长时间后，却又显示出了极大的收藏价值。因此只要确有兴趣，什么事物均可收藏。

（3）欣赏价值原则

随着社会的发展，人民生活水平日益提高，人们对艺术享受的追求也日益强烈。因此，任何有欣赏价值的东西都可收藏。

（4）研究价值原则

有的事物有助于研究社会（包括社会内的各种组织）的政治、经济、历史、军事、文化等。所有这些具有研究价值的事物，都可作为收藏的对象。

## 4. 了解收藏行业风险，你才能赚自己的钱

人头攒动的古玩市场，如醉如痴的收藏爱好者，拍卖行拍卖的火爆场面，各类媒体纷纷推出的鉴宝类节目，都说明了人们热衷于收藏。事实上，收藏行业风险不亚于炒股票，炒外汇，炒黄金，一旦不慎也会赔得非常惨烈。据一位收藏品鉴定专家讲，现在市面上流通的古董有90%是仿制品。因此，对于靠眼力"吃饭"的古董收藏者来说，在寻宝、鉴宝的活动中，要多留个心眼儿，睁大眼睛，只有了解熟知了收藏行业的风险，才能赚自己的钱。

作为收藏爱好者，要时刻具备风险意识。收藏古玩已成为一个高风险

的行业，收藏者要具备历史、文化、专业制造工艺的相关知识，而更重要的是要有一个平和的心态，不能盲目收藏，更不能想象着一夜暴富。在收藏之前，要多想想：有那份闲钱吗？万一赔了会不会影响正常的生活？有足够的知识储备吗？面对一件收藏品能够说出一些门道吗？要知道收藏最忌浮躁！总想着自己手中的藏品价值上百万、上千万的，除了吃亏上当，甚至倾家荡产，也就所剩无几了。真品价买来赝品，上万甚至上百万的投资能收回一两成就不错了。很多藏品存在变现难的问题，有价无市难以出手，急需用钱的时候卖都卖不掉。因此，没有火眼金睛，玩收藏很容易吃亏，这并不是老少皆宜的一种投资方式。

国内收藏行业迅猛发展，古代字画、陶瓷、玉器、杂项等，在市场中屡创天价，收藏品作为投资途径的保值增值能力正在逐渐被社会认可。与此同时，市场中收藏品的种类越来越丰富，从古玩、文物等老物件、老东西，逐渐外延至当代名家书法字画、邮票、金银币、金银条、纪念钞、现代陶瓷、玉雕等各类现代收藏品。相比古代收藏品而言，现代收藏品具有鉴定难度低、对资金的需求量小等低门槛优势，也逐渐成为一些收藏者选择的对象。尤其是近几年，在国家对于电信诈骗、售假等案件的查处中，发现一些开发经营现代收藏品的企业常常被牵扯其中，使得整个行业信用也遭到了广泛质疑。

对于收藏爱好者来说，能在多如牛毛的伪劣藏品里捡漏一件价值颇高的东西可谓是天大的乐事。但事实上，捡漏并不是一件容易的事，即便是收藏行业里的"老手"，捡漏也是一件可望而不可及的事情，具备超强的眼力、厚实的文物历史专业知识以及过人的胆识和丰富的经验是前提，另外还要有好的运气。

对于普通的收藏爱好者，更不能盲目迷恋各种"捡漏"故事，因为这样的故事大多是诱人上当的。花了十几万元甚至是几十万元攒了一屋子假货的大有人在。我见识过收藏品鉴定会，往往是收藏者乘兴而来，败兴而归，因为经专家鉴定后，95%以上都是赝品，可见民间投资之热和盲目收藏之甚。

所以，要想在这一行混个样子，不被赝品和假货套走自己的血汗钱，就得提防收藏行业的风险。具体有哪些风险呢？

（1）品相风险

收藏品的品相占非常重要的地位，因为任何一个收藏品都兼具观赏的价值，如果品相不好，就会自跌身价。在市场交易中，品相好的收藏品可以卖出大价钱，品相差的收藏品价格就会相对较低。因此，一定要注意收藏品的好坏，以规避品相风险。

（2）价格风险

各种收藏品的价格不像股票行情一样能够一目了然，受不同地域的影响，同一种收藏品也会有不同的价格。因此，作为一个收藏者来说，不仅要掌握全国各地收藏市场的行情，而且更需要积累关于收藏的相关经验，否则，你就会交不应交的学费。

（3）赝品风险

当前，由于收藏品投资热，引发了很多人去仿制，加上电脑普及，造假成本低，逼真度高，外行甚至内行都有"打眼"的时候。防范假"货"风险是投资收藏品中最主要的一条。因此，对于投资收藏者，进入收藏市场要谨慎操作，越是珍稀品种，越要格外小心，有条件的最好请专家帮助鉴别。

（4）保管风险

由于受气候和一些人为因素的影响，各种收藏品都会面临保管风险。一些收藏品不仅不能使其受潮，也不能使其受热，尤其是邮票、纸币、字画等还要防折、虫蛀和受到各种化学物品腐蚀，也要禁止用手触摸。对自己的收藏品一定要加以察看,否则,品相一定会大打折扣,甚至会变得一文不值。

(5)交割能力风险

有的收藏品变现能力差,在收藏时要注意投资收藏市场走俏的品种,对收藏市场上不容易变现的收藏品尽量少收藏或不收藏,遇到收藏市场上行情低迷时,会造成资金积压。

(6)政策性风险

国家法律明文规定的不能炒卖的收藏品一定不要买来收藏,一旦违法,就会受到国家法律的制裁。

挡在民间收藏爱好者眼前的迷雾,往往就是这些风险造成的。投资者要学会警示风险,永远学习,放平心态,从古玩收藏的基础——鉴别真假入手,这是学习古玩收藏的一项必备课程。收藏市场如此混杂,作为一名收藏爱好者,还是踏踏实实、一步一个脚印地学习、长进才是最重要的。